読書教育を学ぶ人のために

山元隆春［編］

世界思想社

読書教育を学ぶ人のために　目次

目　次

Ⅰ　読書教育の理論

1　本と「読むこと」と人間―読書教育の存在理由―

山元隆春

（1）本の起源・「冊子」の誕生

本という形態は、どのような意味を持っているのでしょうか。今皆さんが目にしている本の形態はどのようなかたちで生まれてきたと思いますか。ブリュノ・ブラセル著『本の歴史』はヨーロッパにおける書物の歴史を描いた本ですが、そのなかに、本（書物）の「形態」の歴史について触れた部分があります。

本の形態は、紀元後の早い時期に変化をとげる。それまでの巻物に代わって、紙葉を重ね合わせて閉じる冊子（コデックス）が現われ、今日見られるような形の「本」になったのである。

両手で持たなければ読めない巻物と違って、冊子は取り扱いが楽で保管もしやすく、かさばらないので持ち歩きにも便利であり、さらに表裏両面に文字を書くことができた。このため、2世紀から4世紀にかけて、キリスト教の普及とともに冊子が広く用いられるようになっていった。
この「本」の形態の変化に伴って、今日にまで受け継がれるさまざまな慣行が確立する。章分け、タイトル、目次、単語と単語の分離といった習慣が、古代の冊子において、しだいに形作られていったのである。

（ブリュノ・ブラセル著『本の歴史』荒俣宏監修、木村恵一訳、創元社、一九九八年、二〇頁）

ブラセルは「今日にまで受け継がれるさまざまな慣行」として「章分け」「タイトル」「目次」「単語と単語の分離」（日本語の場合、この慣行はむしろ例外的なものですが）といったものを指摘しています。何でもよいので、手元にある本を開いてみてください。皆さんの手元にあるさまざまな本も、このような「慣行」に従っているはずです。現在の本の形態と構造は、ある時点で法令によって決められたわけではなくて、すべては後からひとびとが少しずつ組み立てていったものだったわけです。「本」は、人間が長い間にわたって改良を加えた発明品であったのです。
ブラセルは、「紀元後の早い時期」に本の形態が著しい変化を遂げたと書いていました。この時期に「冊子（コデックス）」の形態が生まれたと言っています。この「巻物」から「冊子」への形態上の変化は人間の知的生活にとってはかなり大きな発明であったと考えられます。というのも、「巻物」を開いて読むためには（今はそういう機会があまりないのですが）、ある程度のスペースが必要になりますし、紙の裏面は当然のことながら使うことができません（もっとも、古くなった巻子本の紙を節約のためにはがしてその裏側に書くというようなことは少なからず行われていたようですが）。

この点、ブラセルが指摘するように、「冊子」という形態はまことに利便性のある形態です。何よりもパラパラとめくることができます。めくることによって、自分が必要とする記事を見つけていくことができるわけです。いささかぞんざいな情報の探し方に思われるかもしれませんが、頁を単位としたこのような情報検索が可能であるところが、「冊子」という形態の利便性の極みと言えるでしょう。また、読みながら付箋紙を貼り付けていけば、それを見出しとして、その頁や記事を再び探し出すことができます。あるいは、自分にとって重要だと思われる部分に鉛筆やペンで線を引いたり、行間に書き込んだり、余白に書き出したりすることができるのです。巻物であると、そのような読み方を冊子ほど容易に行うわけにはいきません。これは、「冊子」という形態の扱いやすさに関わる事柄です。

巻物にくらべると、冊子は丈夫で扱いやすく、テキストの保存に適していた。（事実、巻物から冊子へという、この形態の変化の恩恵を受けなかったテキストは、ほとんど消失した。）また、冊子は1冊で数巻分の巻物の内容を収めることができたため、複数の作品をまとめて収録するようなケースも生まれた。その結果、それぞれの作品の初めと終わりを明示して、本の内部を「構造化」する必要が生じたのである。

さらに本を書見台にのせて読むことで片手が自由に使えるようになると、白紙のページや、中世の本特有の広い余白にメモや注釈を書き込むこともできるようになった。

（ブラセル、前掲書、二一頁）

保存しやすいというばかりでなく、保存しながら内容を検索するという意味でも「冊子」という形態はすぐれた形態です。図書館の本がすべて巻物である、という状態を想像してみてください。書架の前に立って同時並行で何冊かをめくってみる、ということはまず不可能です。

右の引用の第二段落に指摘してあるように、「冊子」の形態をとることによって、本の内部の「構造化」が必要になりました。ですから「表紙」や「頁番号」、「目次」や「索引」などが必要になったわけです。さらに、「冊子」の扱いやすさのために、第三段落に書かれてあるような「余白」に「書き込む」ことが可能になったわけです。いわば、「冊子」という形態だからこそ、松岡正剛が言っているように、すでに情報が刷り込まれているノートブックのようなものとして扱うことが可能になるのです（松岡正剛『多読術』ちくまプリマー新書、二〇〇九年）。

このように考えてみますと、本の形態そのものが文化の産物だと言うことができます。何気なく手に取る本ですが、このかたちのものができるまでには、「冊子」の形態で情報を生み出し、伝え、受け取ってきた人間の歴史が関わっているわけです。

ところが、現在皆さんが情報を目にすることの多い媒体のなかで、「巻物」に非常に近いものがあります。何だかわかりますか？　そうです。インターネットやパソコン、あるいはワープロで作成したり閲覧したりする情報テクストです。ハイパーテクストと言ったりしますが、この種のテクストはパソコンの画面で閲覧する際に、スクロールして画面の上から下へと（あるいはその逆に）読んでいくことになります。もちろん、ハイパーテクストの特徴として、あるボタンをクリックすれば任意のテクスト画面へと飛ぶこともできます。この点は紙媒体の書物にはない利点です。しかし、基本的には巻物と一緒ですね。「冊子」形態とは異なったテクストだと言うことができるでしょう。

ホームページという言葉がありますように、ハイパーテクストにおいても、「冊子」の生み出した「慣行」は生かされています。「頁」という区切り目をつけることによって、画面の情報を捉えやすくしていることは確かです。確かにコンピュータ・メディアの特徴として検索のしやすさは「冊子」の比ではありません。今私が用いているワープロソフトでも、この文章のなかのたとえば「本」という字が用いられている箇所を探し出すことに時間をとられることはほぼありません。またこの部分まで何文字書いたのかということの計算もすばやくできます。

しかし、私自身は「冊子」という形態が滅びることは、やはりないのではないかという実感を持っています。過去にさかのぼったり、伝統を大切にすることが必要だとばかり言っているわけではありません。「冊子」による情報の保存が現時点ではもっとも手っとりばやいものに思われますし、労力もそれほどかかりません。これは、コンピュータが普及したとしても、手書きで文字を書くことがなくならないことと同じです。いや、咄嗟のときには手書きの方が早いわけですから。

また、読書をするのにいちいち電力が必要になるということも、不便この上ないことです。「冊子」であれば、そのようなことはありません。そして何よりも、「冊子」の形態のテクストを読む場合には、「冊子」の物質性を感じ取りながら読むことができるということが大変重要なことではないでしょうか。どのへんまで読み進めたか、あとどのくらいの分量が残されているのか、ということをかなり具体的に知ることができるわけですし、どのあたりに書いてあったことかということも、紙媒体の冊子の物質性に対応したかたちで捉えることができるのです。

もちろん、現在普及しつつある電子書籍を含んだ「電子テキスト」には紙媒体の「冊子」にはない利便性があります。その一つは、右に述べたような「冊子」の物質性を欠いていることからもたらされる利便性です。どういうことかと言えば、電子書籍の場合は保存することにほとんど物理的なスペースを必要としません。ですから、膨大な量の情報を保存することが可能です。また、電子テキストは情報を「検索」することにとても適しています。たとえば、この文章のなかの「情報」という語が何語あって、それがどういう文脈で使われているのか、というようなことは、電子テキストではほぼ瞬時に拾い出して調べることが可能です。ところが「冊子」の場合そうはいきません。おびただしい時間をかけなければ、それを実現することはできないでしょう。

今後は、このような媒体（メディア）による特性を踏まえながら、「冊子」の持つ特徴を引き出して、電子テキストや電子ツールとの共存を図っていかなければなりません。もしも互いの特徴を打ち消し合うようなかたちになるなら、それは読むという文化の崩壊を招くことになります（電子書籍開発者の一人、ジェイソン・マーコスキーの『本は死なない―Ａｍａｚｏｎキンドル開発者が語る「読書の未来」―』（浅川佳秀訳、講談社、二〇一四年）には、このことについての魅力的な考察が展開されています）。

（2）読書行為の持つ意味―主体を延長し、拡張すること―

さて、そのような「冊子」形態の書物を読むことにどのような意義があるのでしょうか。なぜ私たちは子どもに本を読むことを勧めるのでしょうか。本を読むことは人間にとってはたしてそれほど必要で重要なことなのでしょうか。

次に掲げた文章は、読書について書かれた文章ではありません。ヴァーチャルリアリティすなわち仮想現実が人間に何をもたらすのか、ということをめぐってカナダのメディア研究者が書いた文章の一節です。

ＶＲ（山元注：virtual reality〔仮想現実〕の略）の本質は、単に知覚の対象をつくり出すだけでなく、主体を延長し、拡張することである。デザインが、考えることと行為を結びつける標準的なインターフェースになるとき、考えることと計画することに基づく活動は、考えることと感じることの直接的な拡張になりうる。私たちの感性とともに私たちの環境をＶＲに投入するうちに、私たちをとり囲んでいる知的で繊細な世界が、ほかならぬ私たちの心と魂の拡張であることに思いあたるだろう。（デリック・ドゥ・ケルコフ著『ポストメディア論―結合知に向けて―』片岡みい子・中澤豊訳、NTT出版、一九九九年、一一六頁）

読書もヴァーチャルな行為であると言うことができるでしょう。それが現実を生きる私たちの行動にすぐに何かをもたらしてくれるわけではありません。ドゥ・ケルコフが言っているようにそれは「心と魂の拡張」となるからこそ重要なものなのです。読書行為の最中に私たちは自分を取り巻いている環境を書物の世界に投入します。読書によって得たものをもとにして、再び私たちはその環境のなかに身を置きます。現実の環境を見つめなおすための、あるいは自分自身を見つめなおすための「心と魂」を「拡張」してくれるのが読書行為の意義であると考えることができます。その可能性をもたらすために、私たちは読書教育に取り組んでいるのだと言ってよいのではないでしょうか。

（3）現代における読書の意義

別の角度から読書の意義を考察した人の文章を読んでみましょう。バリー・サンダースというアメリカのリテラシー研究者の文章です。

識字化された人は、現実を体内に「摂取」する。現実を自分のなかに取り入れ、自分が必要としているものと必要としていないものとを選り分ける。食物摂取のメタファーはピッタリだ。というのは、読むという行為のなかで、人は「雑食」になることを覚え、あらゆる種類・本質・形の概念をむさぼり喰うからである。読み書きによって能動的で、ときに熟考する生活が営まれる「内部」が生成され、それは記憶・意識・自己という現代人を構成する必要不可欠な要素をとおして実現される。（バリー・サンダース著『本が死ぬところ暴力が生まれる—電子メディア時代における人間性の崩壊—』杉本卓訳、新曜社、一九九八年、八七～八八頁）

先ほどのドゥ・ケルコフの文章と同じ意味のことを、サンダースは「読み書き」によって人の「内部」が生成され」る、という言い方で述べています。そして読書行為は摂食と似通った営みだとも言っています。読書行為、読み書き行為によって人は自分自身の「内部」を形成するのであり、そのことによって記憶や意識や自己の「構成」される舞台が築かれると言うのです。読書という行為によって、私が私として統合されたり、私を私として認識する素地がかたちづくられるという点が重要であると思います。

（4）　読書＝三つの対話

本を読むという営みは、その本の著者（作者）との対話であると考えることができるでしょう。本を読むことは著者（作者）の描こうとした世界や主張や意見を理解することですし、その著者（作者）が何を言っているのか、何を訴えようとしているのかを、読者は自らの想像や推論で補いながら知ろうとするのです。読書行為はある意味孤独な営みであるのかもしれませんが、しかし確実にその本を著した存在と対話することなのです。

しかし、本を読むという行為が著者（作者）との対話であると言っても、それは言葉をキャッチボールのようにやりとりすることではありません。読むという行為は、自分自身との対話でもあります。著者の主張や考えや情報を自分の内部を取り込んで終わりではないのです。読んで得たものをまとめたり、自分が既に持っていた考えや意見と付き合わせ、修正したり発展させる作業を行うことが重要な営みになります。読書は、著者との対話であると同時に、自分自身との対話でもあります。

さらに本を読むという行為は、これまでの生活で自分が出会ってきたひとやものとの対話でもあります。私たちは、読書の過程において、これまでの生活経験のなかで出会ったひとやものの記憶を想起し、それを手がかりとしてその本の内容を理解していきます。また、それと同時に、本の内容を理解しようとすることを通じて自分自身のこれまでの経験を内省し、考察するのです。

こうした三つの対話によって、読者としての私たちは自らの内面を大きく広げていくことができます。そしてそのように内面を大きく広げていくことによって、人間の内側に現実や他者を理解するための「受け皿」をつくることができるのです。

つまり、読書とは、①自分の内なる世界を「築く」ことであると同時に自分の内面に「気づく」ことであり、②知識を得るためだけでなく、それ以上に私たち人間に多くの作用をもたらすものでもあり、③情報をそのまま受け止めるのではなく、表面にとらわれずに対象の質を見極める力や、それらの情報を取捨選択する基準と判断力を養う行為でもあります。多くの情報に囲まれている現代の私たちにとって、そのようなことをもたらす読書が、今とこれからを生きる上で必要なのです。

(5)　読書の継続・習慣化／読書とリテラシー

『朝の読書が奇跡を生んだ─毎朝10分、本を読んだ女子高生たち─』（船橋学園読書教育研究会編著、高文研、一九九三年）という本があります。これは、アメリカで行われていた（現在でも行われている）「黙読の時間」（Sustained Silent Reading）の実践記録です（もちろんそれは、船橋学園独自の実践の記録です）。この本に収められた林公らの実践がもとになって、「朝の十分間読書」が瞬く間に日本全国に広がりました。この実践は、義務・強制ではなく、「自由読書の時間」を確保するもので、「読みたいけれども、読む時間がない。」「何を読めばいいのかわからない。」という児童生徒の声に応えるものでありました。

また、齋藤孝『声に出して読みたい日本語』『声に出して読みたい日本語2』（草思社、二〇〇一年、二〇〇二年）が多くの学校現場に受け入れられたことは記憶に新しいことと思います。同じ齋藤の『読書力』（岩波新書、二〇〇二年）も多くのひとに読まれました。これらは、日本語の可能性を探究し、言葉の教育における「身体」の回復を図り、「読み書きの力」（リテラシー）の基礎をはぐくむねらいがあったものと考えることができます。

ではなぜ「読み書きの力」に関わる本が流行するのでしょう。齋藤孝の著作以外にも「日本語」論の本は少なくありません。大野晋『日本語練習帳』（岩波新書、一九九九年）や北原保雄編『問題な日本語―どこがおかしい？　何がおかしい？―』（大修館書店、二〇〇四年）もベストセラーになりました。こうした「日本語」論ブームは、「読み書きの力」への関心を背景にしたものですし、「学力」とは何かという問いも喚起しました。

読書によってはぐくまれる語彙力は、「ドリル」では育たない力です。読書は、語彙力を高めることに重要な役割を果たします。読書を繰り返し行うことは、私たちの語彙を増やし、自分の内部に言葉のネットワークを広げる効果をもたらします。読み慣れていく過程で、漠然とした言葉であっても、他の言葉とのつながりを手がかりに覚えることができます。全く知らない未知の言葉に対しても同様です。既知（既に理解していること）の言葉のネットワークを手がかりに推測しながら読むことができるようになると、わからない未知の言葉であっても、自分の中に取り込んでいくことができるようになるのです。

文章は、常にその文章内のすべての言葉の意味を理解しなければ、内容が理解できないというものでもありません。一語一語の意味の理解がたとえ不完全なままでも、いくつかの理解できる言葉から推測したり、前後の文章の流れなどから、文の意味や著者の考えを摑むことができるのです。この効果は、たとえば外国語の長文を読むときなどにもあてはまることです。

（6）　読書教育はリテラシーを育てる「足場づくり」

では、私たちは何をしていけばよいのでしょうか。

①　子どもによる図書への「取り組み（engagement）」を引き出すこと

このことは「読書教育」がなすべきもっとも大切なことです。国語科教育における「読解指導」は、どちらかと言えば、「取り組み」の結果を問題にしようとしてきました。それゆえ、学習が時に無味乾燥なものに思われることもあります。「読書は好きだが、国語は嫌い」という学習者を生み出し続けてきたのも、このような事情があるからです。しかし、「読書技術」を明示的に教えるということが読書教育の大切な任務であることも確かです。

運転のための技術を教えることと、運転の楽しさを思う存分味わわせることは、完全に別々のことではないのですが、どこか違うのです。運転のための技術を教える場合には、自動車との「取り組み」はそれほど重視されないでしょう。快適なドライブを「体験」させることが自動車学校の任務ではないからです。

どのようなかたちのものであっても、自由読書は「実の場」での営みです。読書するその瞬間瞬間が、おそらくひとりひとりにとっては既に実人生の一コマなのです。それを忘れないことこそ、「読書教育」に携わる私たちがまず第一に考えておかなければならないことなのです。

②　読むことへの「取り組み」を引き出す素材の提供

これが、「学校図書館」及び教室での「読書教育」の重要な使命です。もちろん、生徒の興味・関心の面からみて、これが一番好まれている図書だから紹介する、という場合もあるでしょう。しかし、今、ぜひともこのような図書に触れてほしいという願いも、大人の側にはあります。すべての教育がそうであるように、「伝統文化」と「新しい文化」とのぶつかりあいは、読書教育の場面にもあるのです。「選書」という営みも、実はそのようなぶつかりあいの場なのです。なぜそのようなぶつかりあいが必要なのでしょうか。それは、子どもの側の図書に対する「取り組み」を引き出していく素材を提供していくために必要なものなのです。

もちろん、子どもの興味・関心を見極めることがその際に重要なことであることは確かです。そして、子どもたちが保持している読書能力・読書技術に対する見極めも必要です。ためになる本だから、今読まなければいけない本だから、といった理由だけで生徒に本を薦めるというのではなく、その子にとって今必要な「取り組み」が、この本であればひきおこされるのではないか、という見極めが、その場合重要なことになります。

ハンドボール部に所属していて試合で怪我をし、選手生活を送るのを断念してマネージャーに専念しようとしている生徒がいたとします。その生徒がスポーツ・マネージメントやコーチングなどに思いを向けているとするなら、その方面の本を紹介していけば、その生徒は自分に必要な読むことへの「取り組み」を本に求めていくことでしょう。

だからこそ「取り組み」を引き出す、ということがまずは必要なことなのです。ここで言う「取り組み」は必ずしも読書の必然性ということを意味するわけではありません。おもしろくてたまらない、という経験に取り込まれることが「取り組み」でもあります。夢中になる瞬間瞬間を過ごすことであると言ってもよいでしょう。

私たちは、「取り組み」をつくりだしていく立場にあります。世界の諸事象についての関心を引き出していくと言ってもよいのかもしれません。引き出された「取り組み」が、本を読むことへの欲求と結びついていく、そのような姿を見据えていくことが読書教育には今、必要なのです。

③　ほんとうに本を読むことが好きですか？

この問いには、イエスと答えることができるひとが多いでしょう。しかし、すべてのひとが本を読むという姿を想像しにくいのはどうしてなのでしょうか。本を全く必要としないひともいるからです。全く、は言い過ぎかもしれません。必要最小限の本しか必要としないひとなら、少なくないことでしょう。それでも生きていけます。あるいは、本でなくても情報を手に入れることはできるし、「取り組」む対象を見いだすことができるのです。

本を読むことがほんとうに好きなのであれば、その「好き」でひらかれる世界の一端を生徒の前に示していくことです。そして、その世界の一端がどこか生徒たちの「希望」と結び合うようなことになればよいのです。子どもたちは実現できない夢や、挫折や、失意を抱えて日々暮らしているのかもしれません。そのようなすべての子どもが本を手にするものだと、楽観的には考えることはできませんが、少なくとも本によって実現される世界のなにがしかを垣間見させていくことができれば、彼らの夢や願いに「かたち」をもたらすことができるのではないでしょうか。

私たちにできるのは、子どもたちがそのような「かたち」を探りあてるための「足場」を準備するということだけなのかもしれません。しかし、教育という営み自体、おそらくそのような営みなのです。私たちにできることはかぎられているかもしれませんが、少なくとも、次のようなことを考えて、つとめることが必要だと思います。

・子どもが集中して読むことのできる環境を整える。
・子どもが安心して（リラックスして）読むことのできる姿勢をとることができるようにする。
・本はあくまでも本でしかないが、それは世界にひらかれた小さな「窓」である。たくさんの「窓」を持つことのできる子どもを育てることが読書によって学びをひらいていくということである。
・読書は「無用の用」であり、生活の上ですぐに実効性のあがるものではないが、そうでないからこそ必要なものでもある。おおらかな気持ちで見守っていくことが大切なことである。

（8）　読書教育の存在理由

本書は、現在取り組まれているさまざまな読書教育実践のありようを、できるだけ具体的に述べ、読書教育の明日をきりひらいていこうとするものです。しかし、どうして読書教育に私たちが取り組まなければならないのでしょうか。この章を閉じる前に、読書教育の存在理由を、一冊の絵本を取り上げて考えてみたいと思います。

アメリカの絵本作家ウィーズナーに『漂流物』という絵本があります（デイヴィッド・ウィーズナー作『漂流物』BL出版、二〇〇七年）。この絵本には「顕微鏡」と「カメラ」という二つの機械が登場します。顕微鏡には日常見ることのできないものの姿、たとえば結晶や物質の組成などがうつります。倍率をあげるとより多くのものが見えます。カメラは日常見ることのできるものの姿を固定します。そして、被写体があれば、シャッターを切るのは必ずしも人間でなくてもいいし、無人でもかまいません。『漂流物』に出てくるカメラはデジタルカメラではなくて、フィルムを用いる一眼レフカメラですから、現像されるまで何がうつっているかはわかりません。

『漂流物』の作者ウィーズナーはこの顕微鏡とカメラの特徴を利用しています。そして男の子がこのカメラのフィルムにうつっていた写真を顕微鏡で見ようとしたから、すべてがわかったのです。顕微鏡の倍率をあげて最後にたどりついた写真は、このカメラで撮られた最初の一枚でした。たくさんの時間を経て自分のもとにたどりついたものであることが男の子にはわかったのです。そしてそれらの写真を撮影した存在は、もはや彼の前にはいません。この発見はほんとうに大切で素敵なことであると思います。自分と同じことをしてきた誰かがいるということを、そして自分が一人ではないということを彼は発見したのです。それだけではありません。そのことをまだ見ぬ誰かに伝えようと、彼はカメラを海に放り投げました。そのカメラを自分だけのものにすることだってできたはずなのに、彼はそれをしませんでした。

顕微鏡で彼が見たもの。それは、もう一人の彼だったのです。それが読む者になつかしくあたたかい思いを抱かせます。倍率の高いところで見えた写真ほど古いもののはずです。ですから見えにくいのでしょう。しかも、モノクロの写真までありました。そんな昔からこの〈漂流物〉は漂い、流れ、海のなかをうつして航海し続けていたのだということが、この子にも読者である私たちにもわかったのです。

フィルムは滅びるし、その一回切りですけれども、そこにうつった映像はずっとずっと続いているわけです。この絵本に驚かされるのは、そのことを描いているからです。伝承すべきことを見つけたら、ひとびとは、ともすればそれらを成文化したり、偶像にしたりして、あがめてきました。しかし、『漂流物』の男の子が伝えられ、伝えようとしたのは、外形のあるモノではないのです。フィルムもネガも写真もいつかは無くなるけれども、彼がこの写真を撮ってそれを次に伝えようとしたということは、ずっと彼の記憶にも読者の記憶にも残ります。私たちが共有する忘れてはならない記憶と、それを分かち持つ営みの意味を私たちに伝えてくれる――『漂流物』とはそういう絵本だと思います。そして『漂流物』に描かれた〈漂流物〉としての「カメラ」を本の比喩と捉えることができます。少年の使った「顕微鏡」はその「カメラ」の写し取ったもの（ひとびとの記憶）を見極めるための知恵と力の比喩と捉えることができるでしょう。世界に漂う〈漂流物〉としての本を、その手に取って、そこに収められたひとびとの記憶と記録を受容するだけの知恵と力を、私たちが読書教育を通して育てていくことはできるでしょうか。本書はそのことを果たす試行の跡を収めたものです。

本を読むことは、ひとびとがさまざまな表象を工夫して残してきた記憶と記録をひもときながら、人間を外側からも内側からも知ることです。そのような記憶と記録を読むことによって、私たちは自分自身について、そして世界について多くのことを知っていくのです。それは、一方で、世界を知る「窓」を手に入れることになりますし、一方で、自分を知る「鏡」を手に入れることにもなるはずです。「窓」も「鏡」も、自分を知り、世界を知るために、そして世界のなかでの自分の居場所を知るために必要なものです。それがあれば、人生を生きやすくなる――読書教育はそのことを支え励ますために必要なものなのです。

2　読書教育の過去と現在

山元隆春

(1)　読書教育の過去

増田信一の『読書教育実践史研究』(学芸図書、一九九七年)は、文献を博捜し、その読書教育の歴史を明治時代にさかのぼって解明した労作ですが、次のような読書教育史の時期区分を示しています(その内実に関して増田はもう少し詳細に論じていますが、ここでは彼の著書の章見出しに反映されたもののみを示します)。

読書教育芽生えの時代…明治時代
読書教育の開花期…大正時代
読書教育の停滞した時代…昭和前期

読書教育が急成長した時代…昭和中期
楽しみ読み中心の国語科読書指導の時代…昭和後期
新しい読書学習をめざす時代…平成時代

このように、増田は「大正時代」と「昭和中期」に読書教育の隆盛を認めています。それぞれ「開花期」と「急成長」という言葉に、この時期の読書教育に対する増田の評価があらわれています。「大正時代」をはじめとした近代日本の社会教育における読書教育実践については、既にすぐれた研究書が出ています（山梨あや『近代日本における読書と社会教育―図書館を中心とした教育活動の成立と展開―』法政大学出版局、二〇一一年）。また、近代日本の読書空間をめぐる詳細な調査研究も公刊されています。

たとえば、前田愛が「音読から黙読へ」（前田愛『近代読者の成立』有精堂、一九七三年）で指摘した「音読」から「黙読」への書物の受容形態の変化を、永嶺重敏はより実証的に解明しました（永嶺重敏『雑誌と読者の近代』日本エディタースクール出版部、一九九七年）。永嶺によると、「黙読」の成立には「読書室」による集団での読書という行為が深く関与していたようです。皮肉なことに、集団で読むために「黙読」が必要とされるようになったというのです。その結果としてどういうことが起こったのでしょう。永嶺は次のように述べます。

図書館制度が初めて導入された明治初期には、近代的読書スタイルであり、同時に図書館の成立基盤でもある private silent reading はまだ十分に発達していなかった。明治人の読書生活においては黙読と並んで、むしろそれ以上に音読的方法が重要なウェイトを占めていた。我々は一般に「音読」という言葉に対して読書能力の未成熟な状態を連想しがちであるが、明治期には読者層の中核をなす学生・知識人層においてすら音読慣行が一般的に行われていた。階層を問わず、年齢・男女を問わず、また、時間を問わず、生活のあらゆる場面において本を音読する声が聞かれた。

ところで、この音読慣習は私的空間のみに限られていたわけではなかった。不特定多数が集まる公共の場においても、明治の人々は声高に音読していた。そのために、近代化の進展とともに拡大してきた公共空間はこのような伝統的音読慣行と摩擦を生じ、音読をなんらかの形で制限し規制しようとした。音読の制限とはすなわち、音読を排除して黙読を制度的に承認し、「黙読空間」を強制的に創出する試みに他ならない。黙読の〈制度化〉は、本を読むことがその活動の主要部分をなしていた図書館や教育施設において特に強く要請された。

（永嶺重敏『雑誌と読者の近代』日本エディタースクール出版部、一九九七年、三五～三六頁）

「黙読」成立以前においては、「音読」による読書材の共有が図られていたのですが、「黙読」によって個々人の内部に成り立つ読書体験が重要なものとして保障されるようになったというわけです。この、読書における個人性と集団性・社会性との関係の指摘は、長田弘の読書を「パブリックな行為」として捉える考え方（長田弘『読書のデモクラシー』岩波書店、一九九二年）ともつながっています。また、本書の第Ⅱ部で扱う「黙読の時間」が、どうして学校という集団性・社会性を帯びる場において有効に機能するのかということを解き明かしてもくれます。同時に、「読み聞かせ・読み語り」が集団性・社会性を前提として営まれる物語受容行為であるという示唆を与えてもくれるのです。

このような研究で検討されているような、図書館や共同体で営まれていた「読書」の歴史が、増田の言う読書教育の隆盛につながったのでしょう。戦後日本の学校教育における読書教育も、そのような歴史を背景として成り立ちました。

戦後の読書教育は、学校教育においては国語科や学校図書館の利用指導のなかで、あるいは社会教育のなかで営まれてきました。

戦後の読書教育をリードした存在のひとりである滑川道夫に『読書指導』（牧書店、一九五九年）という著作があります。その『読書指導』の巻末には、読書指導・文学教育・図書館指導関係の文献が二九六点挙げられています。わずかに二六点を除いて、いずれも一九四五年以降に出版された文献がそこに並んでいます。現在の出版点数であれば不思議のないことですが、戦後の一四年間ほどでこれだけの文献がこれらの領域に関して刊行されていることに驚きを禁じ得ません。

村石昭三は、一九九〇年代半ばに、戦後国語教育研究の到達点を確認する雑誌特集記事のなかで、「読書・読書指導論」の変化を次のように一〇年刻みで跡づけています。

昭和二〇年代　新生読書生活の定位
昭和三〇年代　映像化時代の読書
昭和四〇年代　読解と読書の相違
昭和五〇年代　国語科読書指導の定位
昭和六〇年代（平成）　情報化・国際化時代の読書

村石の時期区分は、戦後に限ったものです。読書教育が隆盛をみた時期と増田が捉えた「昭和中期」は、村石の言う「映像化時代の読書」「読解と読書の相違」にあたります。村石は、このような時期区分を示した上で、戦後の半世紀ほどの読書教育において何が変わったのかということを、次のように述べています。

　では、先にあげた各年代別の特徴を示すに至った読書・読書指導の推移の中で、最も注目すべき転換を方向づけたのは、戦前すなわち、昭和二〇年以前からの「読書論」が「読書指導論」と交替したこと。すなわち、人生修養のエリート性の読書から、日常生活の一部としてのユニバーサル性の読書に移った、その意味での読書生活に視点が移った。それほど読書生活の変化が大きかったといえるであろう。それは読書論が哲学から教育・心理学に移行したこととも符合する。因みに日本読書学会は阪本一郎（初代会長は石山脩平）を中心に、教育学・心理学・社会学等をふまえた学際的な読書の科学研究をする学会として、昭和三一年に誕生、現代まで続く。

この五〇年間、次のようなキャッチ・フレーズからも読書生活の変遷を知ることができる。

重読書から軽読書へ

行的読書から生活的読書への移行を示す。軽読書時代に対する警鐘は、滑川道夫、阪本他によって行われた。

TV時代の読書

TVの参入は昭和二八年である。日本読書学会の第二回大会主題は「読書とマス・コミュニケーション」である。

消費文化の読書

経済の復興に続く高度成長のもとで、国民の読書生活は読み捨て文化を特徴づけた。また、ビジネス用読書が広がる。

情報化時代の読書

ワープロ、ファックスに始まる機械化、情報化の波は読書生活そのものを変質化し、目的に応じ、主体的に選んで読み、利用する読書文化となる。特に科学技術の振興に伴い、説明文の読書指導論が取りあげられる。

（村石昭三「読書指導論の諸相」『教育科学国語教育』臨時増刊、528号、一九九六年七月）

村石は、「人生修養のエリート性の読書」から「日常生活の一部としてのユニバーサル性の読書」への変化を、戦後の「読書・読書指導論」の「最も注目すべき転換」だと言っています。情報化のありようやメディアの変容に伴う読書の変質を、独特の用語で把握しています。村石のまとめ方は読書の目標や目的に即したものであると言ってよいでしょう。

（2）読書教育の目標

では、読書教育とは何をめざす営みなのでしょう。読書教育の目標観は現在に至るまでけっして一様ではありません。たとえば、戦後いち早く読書教育の具体的な方法を提唱した滑川道夫は、読書による生活指導こそが読書指導であると述べています。この考え方は、読書行為をあくまでも何かの目的のための「手段」とみなす考え方です。この立場にあっては、読書の機能面に関心が注がれることになります。そういう考え方に立つなら、本を読むこと自体が目標とされるわけではありません。

こういった、読書を「手段」として考える立場は、戦後初期の読書教育論を特徴づけるものであると言ってよく、そこに経験主義的な教育観が影を落としていることは否定できません。こうした立場に対しては、当然のことながら、戦後の経験主義の教育に向けられたものと同じような批判が差し向けられることになるでしょう。読書に固有の能力の見極めが確実になされていなければ、読書教育が生活指導のなかに埋没してしまうことにもなりかねないわけです。

もちろん、阪本一郎や滑川道夫に、この点についての配慮が全くなかったというわけではないのです。むしろ、戦前から行われていた「読み方」指導に対するものとして、彼らは読書指導を位置づけていたからこそ、こうした発言が生み出されたと考えることができるでしょう。「読むこと」の持つ機能を十分なかたちで引き出すための指導領域をたしかなものにする必要があったために、いきおいその「生活」に関与する側面がここでクローズアップされたのだと思われます。そしてこのことは、学校教育のなかで読書教育の役割を考える上でことさら重要なことです。もしも児童・生徒の「生活」に関わる側面を読書教育の内容から削り去ってしまったとしたら、それが学校教育という場の内部で担うべき任務の半分は失われてしまったと言っても言い過ぎではありません。子どもの「生活」に食い入るものをそなえているからこそ、読書教育にはその存在理由があるのだと考えなければならないのです。

読書教育の目標は、つまるところ自分の力で読むことを楽しむことのできる読者（読み手）を育成するところにあります。すなわち、人を「自立した読者」にすることが読書教育のめざすことなのです。

それでは、学習者を読者として自立させるためには、どのようなことが必要なのでしょうか。一方では、読書を行うために必要な諸能力・諸技能の育成がめざされなければなりません。基本的にそうした力の育成がなされなければ、子どもを読者として自立させるという営みはおぼつかないものとなります。他方、私たちは、読むことによる人間性の陶冶をもめざさなければなりません。「自立した読者」というときの「自立」という語には、読むことによって自らの内面を耕していくことのできる能力をそなえているという意味合いが込められています。どれほど読書の技能を身につけたところで、その技能を用いる子ども自身の内面がもとのままでは、読者としての自立は危ういということになってしまうでしょう。その意味で、読書教育の目標について考えようとする場合、「自立した読者」という概念を細やかに規定していかなくてはならないのです。それはまた、「自立した読者」に求められる活動にはどのようなものがあるかということを明らかにすることでもあります。

(3)「母と子の二十分間読書」の持つ意義

一九五〇年代から一九六〇年代にかけて、「全国学校図書館協議会」（一九五〇年）、「日本読書学会」（一九五六年）、「日本文学教育連盟」（一九五七年）、「日本子どもの本研究会」（一九六七年）などが設立され、民間教育研究団体を中心とした読書運動が展開されはじめます。たとえば児童文学批評家の横谷輝は「本格的な子どもの本の読書運動は、いまやっと緒についたばかりで、いうならば、潜伏期からようやく萌芽期に達したといっていいのである」（横谷輝「子どもの本の読書運動の現状と課題」『日本児童文学』第一五巻一〇号、一九五九年一〇月、三頁）として、椋鳩十の「母と子の二十分間読書運動」と石井桃子らの「家庭文庫運動」がその推進力になったとしています。これらの運動は、戦後児童文学の発展や、子どもの本の読書運動の展開に基礎を置きながら、草の根運動的に展開されたものでした。ですから、偶然に生み出されたものではなくて、むしろ子どもと本とのつながりをどのように生み出すのかということを問い続け、実践し続けたひとびとの願いと行動の足跡から、必然的に生み出されたものであると考えることができるでしょう。ここではそのうち、椋鳩十が鹿児島県立図書館長久保田彦穂として展開した「母と子の二十分間読書運動」について考えてみましょう。

清水達郎は『親子読書運動―その理念とあゆみ―』（国土社、一九八七年）のなかで、「母と子の二十分間読書運動」の生まれる「歴史的な必然性」について、次のように述べています。

満州事変いらいの〝十五年戦争〟によって致命的な打撃を受けた日本の経済が、深手を癒し、欧米の先進諸国に追いつくためには、経済の高度成長は欠くことのできない課題とされました。

（中略）

残業がつづき日曜日にもろくに休めない父親、パートタイムで稼ぐのに忙しい母親が出払った家に、幼児がひとり、テレビの前に置き去りにされるといった状況が一般化する一方、「少年サンデー」（小学館）と「少年マガジン」（講談社）が競いあうように創刊され、〝マンガ時代〟が華々しく幕をあけたのもこの年のことでした。

親たちは稼ぎに追われ、子どもたちの相手をするのはテレビやマンガ雑誌――という状況の下でこそ、〝親と子の心を結びつける読書法〟としての「親子二十分読書」の運動が生まれ出る歴史的な必然性があったといえます。（五二～五三頁）

清水はこのように、一九六〇年代の子どもと家庭を取り巻く状況を含めて、「親子二十分読書」(「母と子の二十分間読書」)が生まれる「必然性」を探っています。両親が働きに出て、ひとり残された部屋で、テレビとマンガに囲まれた子どもたちに、本を読むということのおもしろさを伝え、同時に、親子の心の距離を近づけようとする試みとして提唱され、実践されたのが親子での「二十分間読書」だったというわけです。

では、その「二十分間読書」とはどういうものだったのでしょうか。椋鳩十は『合本・母と子の20分間読書』(あすなろ書房、一九七一年)という本のなかで、次のように述べています。

教科書以外の本を
子どもが二十分間くらい読むのを
母が、かたわらにすわって、静かに聞く。
たった、これだけのことである。(九頁)

つまり「子どもが、小声で本を読むということ」「母が、子どものそばに静かにすわるということ」そして「できるだけ、毎日」ということを心がける読書のかたちです。読みたかった本を一気呵成に読み通すというかたちの読書とは幾分異なっていて、むしろ一定の時間を決めて、毎日少しずつ誰かと一緒に読み進めていくことが求められています。この点について椋は前掲『母と子の20分間読書』

のなかで次のようにも述べています。

時間をきめて、きちんきちんとやってゆく、たとえ、それは、短い時間であっても、規則正しく読み続ける。

少しずつではあるが規則正しく長く続けて、そのものに親しむ。

このことは、水あかが岩につくように……。わずかな量であるが、われわれが、毎日の食事をきちんきちんととっているうちに、いつか大入道になってしまうように、そのことが、ほんとうに身についてゆく。（一八七頁）

また別に、この読書が「読書の、最良の方法であると言っているのではない」とも述べ、「二時間も、三時間も気のむいた時に、気のむいたものを読むということも、またよいものです」と述べています（一八八頁）。これはどういうことでしょうか。

思うに、椋鳩十が提唱した「母と子の二十分間読書」は、時間をかけた読書を営むことがむずかしいという実状を勘案した、また、ひとりでいることの多くなった子どもたちと親たちとの結びつきを図るための、代案としての読書あるいは新たな読書の選択肢の提案であったと言えるでしょう。ですから、「母と子の二十分間読書」で、母と子で「共通」に読む本と、自分ひとりで思い切り読み進めていく本は、別の本がよいとも椋は言うのです。しかし「共通」の本はそういう思いのままにひとりで読むということを、できればしない方がよい、とも言います。本でつながることがめざされているのですから、当然と言えば当然のことでしょう。父母や祖父母など、親しい家族とのあいだで「共通」の本を持ち、一緒に読んで喜びを分かち合う経験を生み出そうとする試みであったわけです。

（4）読書教育の現在へ―「幸せの処方箋」を求めて―

この、親子「二十分間読書」は一九六〇年代の子どもを取り巻く状況のなかで編み出された読書教育の方法です。この方法は一九六〇年代だけに限られたものではありませんし、椋の言うように唯一の方法でもありません。しかし、現在実施されている読書教育の方法と、大切な点で共通する特徴がいくつもあるのです。むしろ、現在の方法が過去の読書教育の積み重ねの上に成り立っているのだという認識を持つことが大切なことなのです。

では、読書教育の方法にはどのようなものがあるのでしょうか。くわしくは本書の第Ⅱ部で検討しますが、それらを大まかに整理すると、およそ次のようになります。

1．読者と図書との出会いを促すための方法
①ブックトーク　②読書へのアニマシオン
2．書物の世界への抵抗感をなくするための方法
③読み聞かせ・読み語り　④ストーリーテリング

3．読書体験にひたらせる方法
⑤黙読の時間（朝の十分間読書）
4．図書を読んで得たものを交流させるための方法
⑥読みあい　⑦読書会、ブッククラブ、リテラチャー・サークル
5．読書体験を記録する価値を教える方法
⑧読書ノート・読書カード　⑨読書記録

「二十分間読書」に「読書体験を記録する価値を教える」という側面は薄いのかもしれませんが、それ以外の方法とは共通する部分が少なくありません。

教科書以外の本を読む、ということによって、本を読む子どももそれを聞く大人も、学校の読むことの授業で学習するもの以外の図書に出会うことになります。小さい声で読むことによって、書物に対する抵抗感を弱めることができるでしょう。本の内容を声に出して伝えることで、それを聞くひとに、その本の内容以上の何かを伝えて、交流することができます。さらに、毎日二〇分程度の営みを継続することによって、本に親しむことが可能になります。この毎日続けるという点では、「黙読の時間」と共通する部分も大きいのです。ただ、「黙読の時間」は声に出して読むことはほとんどありませんが、「二十分間読書」は、小さい声ながら、声に出して本の内容を共有するところに特徴があります。

声に出して本の内容を共有するという点では、村中李衣が提唱し実践している「読みあい」と共通

する部分が大きいと言えるでしょう。「読みあい」とは、いわば双方向での「読み聞かせ・読み語り」であり、大人から子どもへの一方的な働きかけでないという点が「二十分間読書」と共通しています。村中は「読みあい」の効用とは何かという問いへの答えとして次のようなことを述べています。

それから、もうひとつ、今になってわかってきたことがあります。それは、失敗といったほうがいいかもしれない経験も含めて、ひとつずつの出会いがこんなにもいとおしいのは「絵本のおかげ」でも「あなたのおかげ」でも、「わたしのおかげ」でもなく、「絵本がいて、あなたがいて、わたしがいる」からだということ。そうやって、「絵本とあなたとわたしのいる〝場〟」が育てあげられてきたということ、〝場〟をつくり、〝場〟を育てるということこそが、あらゆるコミュニケーションの土台になるのではないかと、考えはじめているところです。（村中李衣『読書療法から読みあいへ―〈場〉としての絵本―』教育出版、一九九八年、一一二頁）

村中の言う「〝場〟をつくり、〝場〟を育てるということ」が椋鳩十の「二十分間読書」でも強く求められていました。どちらも、読書による「関係性の回復」を試みるものであったという点が共通しています。本を読むことが「コミュニケーションの土台」となることを、少なくとも村中は「読みあい」の実践を繰り返すなかで実感していきました。これは、椋鳩十が「母と子の二十分間読書」の実践を通して目標とし、実感したことと共通しています。

もちろん、本を読む力を育てるということは、少なくともテクストを解読していく基礎的な技能を育てることでもあります。しかし、読書はそれだけで終わるものではありません。書かれたテクストから意味を把握するということは、一語一語、一文一文の意味の足し算ではない、もう少し大きな行為なのです。そして、本の著者とのあいだに、あるいは他の読者とのあいだに、何らかの関係を築いていくことも、読書行為の大切な部分なのです。「読みあい」の意義に触れた村中の次の言葉はそれを教えてくれます。

「相手を理解する」とは、相手と同じ考えを持とうとすることではなく、相手がちがう考えを持った存在であるということを自分の中に受け入れていくということのようです。「わかりあう」ということがさも重要そうにもてはやされるけれど、実は一〇〇パーセントはわかりあえない存在であることを認め、そのうえで相手を愛するという経験、愛されるという経験、それが、生命を抱え持って歩き続ける杖となるのではないかと思います。

そして、「わかる」ということを、あえて取り沙汰するとしたら、それは、ことばや絵や音楽を解釈することでなく、ことばそのものに触れるということ、絵そのものに触れるということ、音そのものに触れるということだと、いえるのではないでしょうか。絵本の読みあいは、四〇歳を過ぎ、解釈へ、解釈へと向かいがちな人生のベクトルを反対へ向け変えてくれようとしています。それは、もしかしたら、幸せの処方箋なのかもしれません。（村中、前掲書、一九一頁）

「読みあい」の「場」をつくるなかで、それを営むひととひととのあいだに生まれる「理解」がここでは強調されています。おそらく、その「理解」はよいことばかりではないのでしょう。「読みあい」を営むひととひととのあいだの葛藤や軋轢のようなものまで含み込んでの「理解」であると言ってよいと思います。ひととひととが「実は一〇〇パーセントはわかりあえない存在」であるということがわかる、と言ってもよいのかもしれません。少なくとも、読書を通じてそのようなことに気づく可能性をそなえているところに「幸せの処方箋」としての「読みあい」の意義を認めることができます。これは、「二十分間読書」にもあてはまることですし、読書教育がめざしていく必要のあることでもあります。実際、椋鳩十も、いくつもの「母と子の二十分間読書」の実践報告を聞いて、この実践の成果を実感するのですが、あるとき椋が耳にした静岡県の実践のなかに次のようなくだりがありました。数学の文章題ができるようになった、とか、すらすら読めるようになったとか、漢字力がついて読んだり使えるようになったとかいった五つほどの成果が挙げられているうちの一つです。

教科書とか、宿題とかいうものとちがって、楽しく読むことのできる本を、手わたしたり、受けとったりしているうちに、子どもたちと先生とのつながりが、何か、やわらかい、楽しいきめの細かいものになった。(椋、前掲書、二一一頁)

本を「手わたしたり、受けとったりしているうちに」相互の関係が「何か、やわらかい、楽しいきめの細かいものになった」という表現には、確かに曖昧なニュアンスもあります。しかし、ここには本でつながる「場」がかたちづくられたことがわかります。こうしたことは、ともすれば情報に駆動された営みに終始してしまいがちになるマルチメディアの時代の読書教育にあっては、なおさら重んじていかなくてはならないことでしょう。村中の言葉を借りれば、読書教育は、本を媒介としてつながる「場」を準備し、子どもに「幸せの処方箋」を手渡す営みなのです。

ジャニス・ピルグリーンというアメリカの研究者の『黙読の時間ハンドブック』（Pilgreen, Janice L. *The SSR Handbook: How to Organize and Manage a Sustained Silent Reading Program*, Portsmouth: Boynton/Cook Publishers. 2000）には、黙読の時間を成功させる「要因」として、「子どもが本にアクセスしやすい」とか「生徒にアピールする本が準備されている」とか「読むための時間を分割すること」など八つのものが挙げられているなかに、「励まし（encouragement）」という「要因」があります。一人読みだけでなく、読んだものについて教師や友達と相談の時間（カンファランス）を持ったり、教師もおもしろく読む姿を見せることや、読んだ本の「よかったところ」などを共有することなどが、「励まし」になるのだとされています。これは、子どもの遂行する「黙読」が孤独な活動であるだけに、ややもすれば継続する意思が挫かれてしまいかねないので、ひとりひとりの子どもを後押しする「励まし」をもたらす機会の重要性を指摘したものです。読書はひとりで営むひそやかな営みであるのかもしれません。しかし、読書教育はその営みを後押しする「励まし」をもたらすものです。村中の使った「幸せの処方箋」という比喩的な表現にはそういう含意もあると思います。

読書教育の歴史はそのような「励まし」や「幸せの処方箋」をととのえていこうとする歴史であったと思います。本書の第Ⅱ部では、そのようにして積み重ねられてきた歴史の所産として提案されてきた読書教育の方法の一つ一つに光を当てていきたいと思います。

Ⅱ　読書教育実践の諸相

1　本と交わる―読み語り・読み聞かせ―

余郷裕次

（1）読み語り・読み聞かせがなぜ大切か

読み語り・読み聞かせがなぜ大切なのでしょうか？　読み語り・読み聞かせは、子どもたちがまわりの大人に愛される場であり、子どもたちに本と出会う「喜び」を経験させる場であるからです。読書教育の立場から言えば、読み語り・読み聞かせによって、本と出会う「喜び」を経験させることこそ、今を生きる大人のつとめではないでしょうか。

ジム・トレリースは、『読み聞かせ―この素晴らしい世界』（亀井よし子訳、高文研、一九八七年）の改訂版の出版にあたり、「序・いまなぜ「読み聞かせ」なのか」の扉の裏に、次のことばを置いています。

もしも世の親たちが、学齢前のわが子に一日に一五分、本の読み聞かせをするようになれば、学校に革命を起こすことができるでしょう。——シカゴ市教育長ルース・ラブ（一九八一年）

ここには、我が子への本の読み聞かせによって、子どもたちをよりよく変革する可能性、つまり読み語り・読み聞かせの大きな可能性が示唆されています。

今日、子どもたちが「読者」になることから逃走している状況を、全て学齢前における保護者による読み語り・読み聞かせの不足の責任に帰すことは、簡単です。しかし、誰かに責任を転嫁しても、子どもを優れた「読者」に育て、豊かな読書生活を実現させることはできません。

今こそ、教師は、読書教育を改革することによって、目の前の子どもに対し、プロとしての責任を果たすべきです。ジム・トレリースは、従来の教育を次のように批判しています。

われわれが、子供に読み書きを教えるためにぼう大な費用と時間を注ぎ込んでいるにもかかわらず、その子供たちが読まないことを選ぶのだとしたら、何かがまちがっているのだと結論するほかないであろう。われわれは子供たちに、いかに読むかを教えることばかりに熱中し、彼らに読みたいという気持ちを教えるのを忘れてしまったのである。（同上書、四五頁）

子どもたちが「読者」となることを励ますためには、まず子どもたちに「読みたい」という欲求を育てることが大切だという指摘です。「読みたい」という欲求を育てるために、ジム・トレリースは、自己の経験、様々なデータや実践事例を引きながら、読み聞かせの必要性を訴えています。

あなたがクラスの子供たちに本を読む時間をさいたからといって、カリキュラムをおろそかにしたことにはならない。読むことは、カリキュラムである。すべての学習と教授の第一要素は、言語である。言語は、授業を伝達する道具であるだけでなく、生徒が私たちに返してくれる成果そのものである――その言葉が算数の言語であれ、理科の言語であれ、あるいは歴史の言語であれ、同じである。

その意味で、読み聞かせをする教師は、子供たちがよりよい聞き手になることを通して、より高い言語技能を発達させる手助けをしているといえる。他人の言葉を聞けば聞くほど、話したり書いたりすることによって自分自身の言葉を他人と共有したいという子供たちの欲求は強くなる。

（同上書、八七〜八八頁）

また、フランスで中学校、高校の教師経験のあるダニエル・ペナックは、その著書『奔放な読書――本嫌いのための新読書術――』（浜名優美・木村宣子・浜名エレーヌ訳、藤原書店、一九九三年）の中で、高校生を本を読みたい気持ちにさせる方法として、朗読（読み聞かせ）を提唱しています。

一番大事なことは、先生がすべてを朗読してくれるということでした！　わたしたちが理解したいという気持ちに先生がただちに与えてくれたあの信頼感……　声を出して朗読する人間は、わたしたちを本の高さに引き上げます。その人は読むべき物をほんとうに提供するのです。

（一〇七頁）

日本でも、読み語り・読み聞かせによって、子どもたちが「読者」となることを励まされた実践例は多くあります。私も読書教育の現実を変革するために、読み語り・読み聞かせの導入が欠かせないと考えています。中でも、私は絵本の読み語り・読み聞かせの効果を喧伝したいのです。ジム・トレリースは絵本の読み聞かせについて次のように述べています。

教師や親からよく訊かれることの一つに、

「いつ絵本をやめて〝分厚い〟本——小説を読み聞かせ始めますか？」

という質問がある。

子供を一刻も早く大人にしたいという親の気持ちはわかるが、そういうふうな言い方をされるたびに、私は思わずたじろいでしまう。

その理由の第一は、「絵本をやめるとき」などはないということである。私の知り合いには保育園児にジュディス・ビオーストの『アレクサンダーのこわくて、みじめで、いいことがひとつもなくて、とてもいやな一日』を読んでやっている教師もいるし、同じ本を年に二回――年度始めの九月と、生徒からの要求により、学年末の六月にもう一度――読んでやっている高校二年担任の国語の先生もいる。
　一五歳にもなった高校二年生が『アレクサンダーの――』のような絵本を読んでもらうのはおかしいことだろうか？　私にいわせれば、そんなことはない。私は大人のグループに講演するときには、いつも絵本（『アイラのおとまり』）を読むことにしているが、それに異論を唱えた人は一人もいない。それどころか、ひょっとしたらその時間が、私の講演の一番すばらしいときではないかとさえ思っている。よい物語は、よい物語である。美しく感動的な絵は、五歳児の心も一五歳の少年少女の心も同じように揺さぶるものである。絵本は小学校から高校までのすべてのクラスの読み聞かせリストに加えるべきである。

（前掲『読み聞かせ―この素晴らしい世界―』一三九～一四〇頁）

本章では、読み語り・読み聞かせの中でも、一般にはまだ児童ものと受け取られがちな絵本の読み語り・読み聞かせによって、なぜ高校生を含む子どもたちが「読者」となることを励まされるかについて追究します。

（2） 絵本の読み語り・読み聞かせがなぜ大切か

絵本の読み語り・読み聞かせが脳を活性化し、脳の発達に良い影響を及ぼすことについては、従来経験的に指摘されてきました。近年、絵本の読み語り・読み聞かせの効果について、脳科学の面からもそれを裏付ける研究（泰羅雅登『読み聞かせは心の脳に届く——「ダメ」がわかって、やる気になる子に育てよう——』くもん出版、二〇〇九年）が展開されています。

絵本の読み語り・読み聞かせが、脳の発達に良い影響を及ぼす要因は、次に示す①〜⑩の「心地よさ」の効果によるところが大きいと考えています。

① まるい大きな正面顔（ベビーシェマ）の効果
② 育児語（母親語：Motherese）高い声と抑揚の誇張と繰り返しの効果
③ まるい大きな正面顔（右脳刺激）と母親語（左脳刺激）の同時刺激の効果
④ 読み手と聞き手による視覚的共同注視の効果
⑤ 画面構成による効果
⑥ 色彩（赤→青→緑→黄）知覚の効果
⑦ 味覚や睡眠のイメージによる効果

⑧　スキンシップ（attachment）の効果
⑨　呼吸のシンクロ（呼吸の引き込み）の効果
⑩　絵本モンタージュ（残像）の効果

これら絵本の読み語り・読み聞かせによる効果は、実は、乳児期の養育体験（養育者に愛された体験）にもとづくものと考えられます。とりわけ、授乳がこれらの「心地よさ」の体験を醸成したと推論されるのです。絵本の読み語り・読み聞かせは、授乳と類似の刺激を形成することによって、子どもの脳の発達にとって良い刺激を与え、読書への欲望を育てることができると仮説を立てました。しかも、①〜⑩の効果は、絵本の絵に何が描かれているかやどんなストーリーかなどとは違って、意識されにくいという性質のものです。聞き手（読者）は、意識のレベルで絵や物語に反応しながら、同時に無意識に①〜⑩の「心地よさ」を味わっているのです。意識・無意識の両方に同時に働きかけるところに絵本の読み語り・読み聞かせの特色があります。特にこの無意識の効果を阻害しないために、絵本の読み語り・読み聞かせにおいて、質問をしたり感想を求めたりすることは控えるべきなのです。絵本の読み語り・読み聞かせにおいて質問したり感想を求めたりすることは、まさに本に出会う「喜び」の経験を子どもたちから奪いかねないのです。

ここでは、絵本の読み語り・読み聞かせがどのようにして授乳と類似の刺激を形成し、聞き手（読者）に読書への欲望を育て、本と出会う「喜び」の経験につながるかについて考えていきます。

（3）絵本の読み語り・読み聞かせの効果

① まるい大きな正面顔（ベビーシェマ）の効果

乳児が知覚する顔は、養育者のリアルな顔ではありません。乳児の視力は、生まれたばかりの時は〇・〇一〜〇・〇二、生後半年で〇・一程度と言われています。しかし、乳児はそのわずかな視力で養育者の日を見つめようとする能力を持って生まれてくるのです。しかも生後間もない乳児は、色彩知覚が未発達で白黒の世界を見ています。つまり、乳児が必死に見つめ、記憶したのは例外なく『はらぺこあおむし』（エリック・カール作／もりひさし訳、偕成社、一九八九年改訂）に出てくるお月さまのような、白いまるい大きな正面顔なのです。

その他絵本の主人公は、多くの場合、まるい大きな顔の持ち主です。絵本の主人公のまるい大きな顔は、低い目鼻の位置などと合わせて、ベビーシェマと呼ばれ、見る者の心を開き、共感を覚えさせる機能を持ちます。絵本の主人公は、その大きい顔で正面を見て読者を見つめています（フロンタリティーまたは正面性）。大きな顔で、しっかり読者（聞き手）を見ているのです。そのため、読者（聞き手）は、主人公に心を開きやすくなります。絵本に限らず、アニメのキャラクターやその他のゆるキャラと呼ばれる宣伝キャラクターも二頭身、三頭身のまるい大きな顔（ベビーシェマ）です。テレビドラマや映画では、主人公の顔のアップによって、同じ効果をあげようとしているのです。ではなぜ、正面を向いたまるい大きな顔にそのような機能があるのでしょうか。
人間の成長発達と顔との関係について、山口真美は次のように指摘しています。

ヒトの赤ちゃんの発達期間は長い。歩けるようになるまで一年、言語で意思を伝えるまで二年近い期間が必要とされる。この長い期間、赤ちゃんがさまざまな機能を発達させていくためには、親の助けが必要となる。赤ちゃんが顔に注目するのは、この長い期間中、親の養育意欲を高め持続させるためと考えられる。

出生直後の赤ちゃんが示す顔を見る行動そのものは、単純なものだ。顔らしきものを見かけるとそちらを見る、反射に近い自動的な反応で、赤ちゃんには（おそらく）意図はない。

しかし、赤ちゃんの行動は親によって拡大解釈される。赤ちゃんが親の顔を向こうとする行動を見て、親はコミュニケーションをしかけているものと思いこむ。生まれたばかりの小さい赤ちゃんが、精一杯コミュニケーションをとろうとする姿は、親の目にはけなげに映る。この錯覚が、親の子育て意欲を高めると考えるのである。

親の愛情を引き出すため、生まれたばかりの赤ちゃんは顔を見るという行動を示す。しかし育児にたずさわる時間が経つに従い、親は赤ちゃんに自分の顔だけを見てほしいと願うようになる。そしてその要望に応えるかのように、赤ちゃんは予想されるよりもずっと早く親の顔がわかるようになる。

（『赤ちゃんは顔をよむ―視覚と心の発達学―』紀伊國屋書店、二〇〇三年、二一〇～二一一頁）

人間がまるい大きな正面顔に注目し、共感してしまうのは、人間の生存をかけた習性なのです。子どもにとって絵本の主人公のまるい大きな顔は、大人（養育する立場）に成長しようとする本能を刺激すると同時に、乳児期の顔を見つめ合うコミュニケーションの記憶につながっていると言えます。絵本の主人公の顔は、「かわいい」と意識する以上に深く強く聞き手（読者）の心を刺激するのです。赤ちゃんと同じく絵本の主人公も、こちらが見れば、じっとこちらを見つめていてくれます。絵本の主人公の正面を向いたまるい大きな顔（フロンタリティー）は、子どもを絵本の読み語り・読み聞かせの声に関係づけるうえで、大きな効果を発揮します。絵本の主人公の顔は、「かわいい」と意識する以上に深く強く登場人物への共感を生成するのです。登場人物に共感する経験の積み重ねは、読書の楽しさを経験するうえで重要なのです。

②　育児語（母親語：Motherese）高い声と抑揚の誇張と繰り返しの効果

『ケータイを持ったサル―「人間らしさ」の崩壊―』（中公新書、二〇〇三年）の著者として知られる正高信男は「育児語（母親語）」について次のように紹介しています。

ファーガソンという人は、六つの異なる言語文化圏で母親の赤ん坊への語りかけの比較検討を行った結果、それぞれはお互いにまったく交渉がないにもかかわらず、いずれにおいても母親の語りかけには共通の特質があることを発見して、母親語と命名したのであった。つまり、ごくふつうにほかの成人に話をするときとはまったく違って、おとなが赤ちゃんに話しかけるときには、（1）ことさら声の調子（高さ）を高くするか、（2）またそれと同時に声の抑揚を誇張する傾向が顕著となる、というのである。

（『0歳児がことばを獲得するとき―行動学からのアプローチ―』中公新書、一九九三年、一〇二頁）

言語の違いを越え、人間にとって「育児語（母親語）」が言語や社会性の獲得の原点になっていることが推測できます。しかも人類共通なのです。正高信男によって、日本語においても同様のことが確かめられています。

実は、子どもへの絵本の読み語り・読み聞かせにおいても、その読み声に「育児語（母親語）」と類似の特質が見出されています。つまり、絵本の読み語り・読み聞かせは、読み手から「育児語（母親語）」を引き出すのです。

正高はさらに「育児語（母親語）」と絵本との関係について次のように指摘しています。

育児語を使った方が、話し手の感情もよく伝わる。育児語で絵本を読んでいるシーンと、ふつうの調子で同じ本を読んでいるシーンをビデオに撮って、赤ちゃんに呈示してやると、同一の内容であるにもかかわらず、前者のビデオの際にのみ子どもは話の中身に一喜一憂する。育児語の方が、声のトーンから大人の気持ちが敏感に伝わるものらしい。

（『ヒトはいかにヒトになったか―ことば・自我・知性の誕生―』岩波書店、二〇〇六年、八六頁）

絵本の読み声が、高い声と抑揚の誇張という「育児語（母親語）」の特徴を有していることは、子どもの聞く力を引き出し、言語発達や社会性の獲得に効果があると考えられます。ことばと大人への信頼を回復し、刺激を増幅させていくテレビやゲームに負けない、読書への憧れを形成するために、絵本の読み語り・読み聞かせは必須のものであると考えます。

③ まるい大きな正面顔（右脳刺激）と母親語（左脳刺激）の同時刺激の効果

乳児期の授乳において養育者は、抑揚をつけた高い声（「育児語（母親語）」）で、赤ちゃんにたっぷり語りかけます。その時、赤ちゃんはしっかり授乳者の顔を見つめます。目から入る母（養育者）の顔の映像刺激は右脳で処理され、同時に耳から入ることばの言語刺激は左脳で処理されます。授乳においで右脳・左脳同時刺激が成立しているのです。

授乳において赤ちゃんと見つめ合い、母親語で語りかけることは、人間としての健全な発育に必要不可欠なことです。実は、絵本の読み語り・読み聞かせとは、この授乳時の語りかけと類似の刺激を形成しやすいのです。

脳が情報を処理するシステムとして、右脳が音楽や映像イメージを処理し、左脳が言語や数値を処理すると言われています。絵本の読み語り・読み聞かせとは、絵（映像）が目を通して右脳を刺激し、物語（言語）が耳を通して左脳を刺激するシステムなのです。しかも、絵による右脳刺激と、物語による左脳刺激が全く同時に生起するのが、絵本の読み語り・読み聞かせというシステムの特質です。アニメーションとの相違は、絵本の場合、絵がストップモーションであり、物語からその前後の動きをイメージしなければならない点にあります。

子どもが自分で絵本を読む場合、絵と文字とに同時に注目することは困難です。子どもは、物語を読んでいる間、絵に集中することはできないのです。松居直が「絵本は、子どもに読ませる本ではなく、〝おとなが子どもに読んであげる本〟であること」（『絵本の与えかた』福音館書店、二〇〇〇年、一四頁）と言うように、絵本の読み語り・読み聞かせこそ、子どもが絵本の絵と物語とを全く同時に享受することを可能にし、本と出会う「喜び」を経験させるのです。

幼児期から、絵本の読み語り・読み聞かせを聞くことは、右脳と左脳を同時に活性化することを容易にし、やがて言語情報のみから豊かにイメージを展開できる（著者のことばと自分との間に「生きた回路」を作る）基礎になるのです。

ピアジェの言う具体的操作期（一一歳まで）に、絵本の読み語り・読み聞かせという刺激を十分に与えられることが、その後の形式的操作期への基礎となります。小学校高学年以上の年齢になっても、文字のみの物語や小説を楽しめないとすれば、やはり、絵本の読み語り・読み聞かせから再スタートすべきなのです。

ただし、言語処理は左脳ですが、母親語の抑揚の部分は、右脳を刺激するようです。ともかく、絵本の読み語り・読み聞かせにおける心地よい視覚刺激と心地よい聴覚刺激とは、本と出会う「喜び」を経験させることでしょう。

④ 読み手と聞き手による視覚的共同注視の効果

「視覚的共同注視」について、門脇厚司はその著『子どもの社会力』（岩波新書、一九九九年）の中で、次のように述べています。

赤ちゃんがお母さんが見ているのと同じモノを見ながら、お母さんがいまどんなことを考えているかを適切に読み取れるようになること、そのことが、心が作られる最初の段階ということである。（五八頁）

赤ちゃんが、お母さんの考えを読み取るヒントになるのが、目と表情と声色ということになるでしょう。まさに赤ちゃんは「顔をよむ」のです。さらに門脇は「生後わずか二か月の乳児でも母親の視線を追うことができる子がいること、生後一四か月の幼児では全員が追視ができること、などを確認した。」（同上書、五八頁）と述べています。

人間が、ことばを獲得することや何かを学ぶことは、まさにこの「視覚的共同注視」のたまものなのです。では、子育てにおいて、大人と子どもとは何を「共同注視」すべきでしょうか。子育てには様々な経験が用意されるべきですが、絵本が最も適切な「共同注視」の対象の一つであることは間違いないでしょう。

家庭で、学級で、絵本を大人が読み語り、読み聞かせることで、「視覚的共同注視」を実現することができます。そして、それをきっかけに、様々な歴史・社会・文化・科学的な事象に対する「視覚的共同注視」を回復する道が開けるのではないでしょうか。例えば、絵本の読み語り・読み聞かせの延長として、学習図鑑を読み聞かせてはどうでしょう。学習図鑑を読むことも立派な読書です。まずは、『ほんとのおおきさ動物園』（小宮輝之監修・福田豊文写真、学習研究社、二〇〇八年）の読み語り・読み聞かせからはじめてみるのはどうでしょうか。

大人のことばが子どもに届かない、大人の気持ちが子どもに理解されないとすれば、「視覚的共同注視」の経験が不足しているのかも知れません。そんな不安をお持ちの保護者の方、先生方、ぜひ絵本の読み語り・読み聞かせを実践してください。先生と子どもたちと絵本との「視覚的共同注視」の三角形は、本と子どもたちの間に「生きた回路」を作ることを支えるでしょう。

⑤　画面構成による効果

右脳（左目情報）で映像情報や顔が優先的に処理され、人間の視点が左上から右下に向かってZ型に動く傾向があるために、映像の画面の中で、左右では、左を優位、右を不利に感じる傾向があり、上下では、上を優位、下を不利に感じる傾向があります。アニメでも、映画でも、テレビドラマでも、主人公は左側に立ち、その正面顔がアップで映し出されることが多くあります。

絵本でも、主人公が左側に描かれる傾向があるのです。また、ずっと左側に描かれてきた主人公が画面の右側に移れば、主人公に何か不利な状況が起こっていることを示しています。逆に、ずっと画面の下（右）の方に描かれていた主人公が上（左）の方に移れば、主人公が優位に立ったこと、主人公の願いが叶ったことなどが表されることになります。つまり、主人公の位置が、聞き手（読者）から共感を引き出したり、主人公の状況を把握する助けをしたりするのです。

絵本の主人公の配置はフロンタリティーと相まって、子どもを絵本とその読み語り・読み聞かせの声に関係づけるうえで、大きな効果を発揮するのです。そもそも顔認知を司る中枢が右脳にあるため、左目情報である左画面の主人公の顔が認知しやすく、共感しやすいのです。絵本における画面構成は、登場人物への共感を引き出したり、主人公の置かれている状況や心理を把握させるのに役立っているのです。

⑥ 色彩（赤→青→緑→黄）知覚の効果

先に述べたように、生後間もない乳児は、白黒の世界を知覚しています。その乳児が最初に獲得する色彩は、赤です。これは、人間の網膜にある光を受けとめる細胞＝錐体細胞（赤錐体・青錐体・緑錐体）のうち、赤錐体が一番多いことによります。

さて、赤ちゃんには、赤がいきなりはっきりと見えるのでしょうか？　そんなことはないでしょう。その視力からいっても、ぼんやり赤っぽいものが見えてくると考えた方が自然でしょう。ぼんやり赤っぽいもの、たぶんピンクのような色彩が、最初の色彩の記憶、お母さん（養育者）の色の記憶となるのではないでしょうか。小さな女の子はピンクを好みます。「何色の色紙が欲しいの？」と聞けば、多くの場合ピンクを選ぶでしょう。小さな男の子も案外ピンクを好むものです。ピンクは、お母さん（養育者）の色なのです。ピンクの服、ピンクのハンカチ、ピンクのペンケースには、養育者との愛の記憶が詰まっています。

さて、絵本では、主人公が赤い体だったり、赤い服を着ていたり、赤い何かを持っていたりというように、赤が中心的な存在として用いられることが多くあります。最初に知覚される色彩である赤は、一番目立つ色であり、注目しやすい色です。信号機も止まれという最も見落としてはいけないライトの色は赤です。また、赤は白とのコントラストの中で最も目立ちます。絵本の主人公を赤、背景を白というように使われたり、題名を赤、背景を白という具合に使われています。交通標識も赤白の組み合わせが多く、看板もこの組み合わせが多いのです。

乳児が養育者から最初に獲得する色彩である赤は人間の生存に関わる色なのです。絵本における赤の使用も、子どもを絵本の読み語り・読み聞かせの声に関係づけるうえで、大きな効果を発揮するのです。

後にミッフィーで知られる愛すべきキャラクターを生み出した『ちいさなうさこちゃん』(ディック・ブルーナ文・絵/石井桃子訳、福音館書店、一九六四年)の表紙には、ミッフィーのまっ白なまるい大きな正面顔が描かれています。このミッフィーの顔こそ、思い出すことのできない深い記憶の底に、誰もがしっかり記憶しているお母さん(養育者)の顔なのです。このミッフィーの顔は、赤ちゃんが最初に目にする世界なのです。次に、ミッフィーは赤色(オレンジ色)の服を着ていることが目に入ります。赤は、赤ちゃんが最初に知覚する色彩です。ミッフィーの背景は、青です。青は赤ちゃんが二番目に知覚する色彩です。この絵本の表紙を見ることは、私たちがこの世に生を享け、目にした世界を復習することになります。本文の最初の絵の背景色は、赤の補色である緑が使われています。白黒→赤→青→緑という、人間の色彩知覚の発達の順序に絵本が描かれているのです。このことが自己肯定感につながり、色彩的にも人間を無意識のうちに癒す仕掛けを持っているのです。もちろん『ちいさなうさこちゃん』の一ページ目の絵には、黄色も使われています。『ちいさなうさこちゃん』は、まず、赤(ただしオレンジ色:オレンジ色は、ブルーナの国オランダでは、ナショナルカラーです。)・青・緑・黄の四色で描かれているのです。そして、ブルーナ・カラー(ブルーナレッド、ブルー、グリーン、イエロー、ブラウン、グレー)の六色で描かれます。

他の例では、エリック・カールの代表作『はらぺこあおむし』(もりひさし訳、偕成社、一九八九年改訂)も、表紙をよく見ると赤・青・緑・黄の四色で描かれていることがわかります。

赤・青・緑・黄の用い方と組み合わせこそ、絵本の色彩のひみつなのです。その色彩がもたらす

「心地よさ」は、絵本というメディアに愛着を形成し、作品世界を理解するための脳のネットワーク形成に寄与すると考えられます。

⑦　味覚や睡眠のイメージによる効果

先に、絵本の読み語り・読み聞かせとは、授乳時の語りかけと類似の刺激ではないかと仮説を立てました。絵本の読み語り・読み聞かせでは、読者（聞き手）はまるい大きな正面顔のキャラクターと目が合います。同時に、読み手は育児（母親）語と類似の高く抑揚を誇張した声になりやすいものです。しかし、絵本の読み語り・読み聞かせと実際の授乳との決定的な相違の一つは、絵本の読み語り・読み聞かせでは食欲を満たすことができない点です。

当然、絵本の読み聞かせは、授乳のように食欲を満たすことはできません。しかし、絵本にはそれを補う仕掛けがあるのです。それは、絵本では多くの場合、食べ物やそれを食べるという行為が題材になることです。『ぐりとぐら』（中川李枝子・文／大村百合子・絵、福音館書店、一九六三年）の大きな黄色い「かすてら」は、その典型例です。どれだけ多くの子どもが、あの大きな黄色い「かすてら」に憧れ、どれだけ多くの子どもが、読み語り・読み聞かせを聞く時、あの大きな黄色い「かすてら」の場面で、絵本に手を伸ばし「かすてら」を食べるまねをしたことでしょう。

絵本は、実際に食欲を満たすことができませんが、美味しい食べ物の映像イメージで、授乳と類似の刺激を形成していると考えられます。『はらぺこあおむし』（エリック・カール作／もりひさし訳、偕成社、一九八九年改訂）で、あおむしは、食べて食べて食べまくります。それが、読者（聞き手）を満たされた気持ちに導くと考えられるのです。

実は、絵本の読み語り・読み聞かせの際、実際に「ミルキー」のようなあめなどをなめさせると、子どもたちを、いっそう絵本の読み語り・読み聞かせに集中させ、深い感動を与えることができます。甘いミルク味が、絵本の読み語り・読み聞かせを、より授乳の刺激に近いものにするのです。紙芝居の水飴の原理、映画館のポップコーンの原理です。

大人も同じです。映画を鑑賞する場合、ポップコーンなどのおやつは欠かせません。高いお金を払って鑑賞する映画に、より集中し、感動を深く心に刻むためには、おやつは必須なのです。

やや脱線しましたが、絵本における睡眠や食べ物のイメージは、欲求が満たされる「心地よさ」を提供するとともに、絵本の世界をより身につまされるものとして経験するために機能するのです。

⑧ スキンシップ（attachment）の効果

赤毛ザルを用いたハーローの代理母ザルの一連の実験があります。そこでは、高度な哺乳動物では、接触欲求が満たされないと、様々な行動障害が出ると結論されています。

その一つは、生まれたばかりの赤毛ザルの赤ちゃん二匹を、一方は、針金だけでできていて内部から温める人形にほ乳瓶をつけて授乳させ、もう一方は、針金を羊毛の布で覆い内部から温める人形にほ乳瓶をつけて授乳させるというものです。

観察の結果、針金の人形に授乳させたサルは、人形に抱きつくことが少なかったそうです。一方、布で覆った人形に授乳させたサルは、布の人形に頻繁に抱きつく行動が見られたそうです。

針金の人形に授乳されたサルは、何事にも無関心で、ワンパターンの往復行動が観察されました。つまり、動物園の檻の中で観察される動物の様子です。羊毛の布に覆われた人形に授乳されたサルは、好奇心が旺盛で、探索行動が観察されました。つまり、安心基地を獲得したことにもとづく行動でしょう。

さらに、針金の人形に授乳されたサルは、動物ではほとんど観察されることのない自虐（自傷）行為を行ったそうです。つまり、いわゆるスキンシップが高度な哺乳動物の健全な成長には必須であるということです。

絵本の読み語り・読み聞かせでは、例えば読み手と聞き手とが寄り添うことで、接触欲求を充足することが多くあります。絵本のまるい大きな正面顔の要素、読み語り・読み聞かせの育児（母親）語の要素、それに接触欲求が満たされる要素がそろうことで、絵本の読み語り・読み聞かせは、授乳との類似性が高まり、聞き手に乳児期の養育体験の記憶を、無意識のうちに呼び覚ますことができるのです。

また、絵本には接触欲求を満たすような絵が描かれることがあります。日本の絵本では、『しゅくだい』（宗正美子原案／いもとようこ文・絵、岩崎書店、二〇〇三年）などが、スキンシップが描かれた絵本です。絵本の読み語り・読み聞かせにおいて接触欲求を満たすことは、子どもたちに「心地よさ」

をもたらし、絵本と自分との間に「生きた回路」を作る基盤になるのです。

⑨　呼吸のシンクロ（呼吸の引き込み）の効果

直立して二本足で歩くロボットは、すでに発明されています。ロボットが立って歩くまでには、赤ちゃんが生まれて歩くより遙かに長い期間の研究開発が必要だったのです。それを思うと、赤ちゃんが立ち上がり、歩く不思議に改めて感動を覚えます。では、人間と同じように対話するロボットはどうでしょう。すでに開発はされていますが、人間と同様にはいかないようです。その原因の一つが、ロボットが呼吸をしていないことにあります。

対話できるロボットを開発する基礎研究の中に、「呼吸の引き込みが身体的コミュニケーションの創出に重要な役割を果たしている」（渡辺富夫・大久保雅史「コミュニケーションにおける引き込み現象の生理的側面からの分析評価」『情報処理学会論文誌』第三九巻五号、一九九八年）という指摘があります。この「呼吸の引き込み」とは、対話場面などで、自分の呼吸のリズムを変化させ、相手の呼吸に合わせることを言います。実は、日常の場面で「息が合う」とか「呼吸が合う」と言われるのは、もののたとえではなく、本当に体に起こっていることなのです。おそらく赤ちゃんは、授乳やだっこやおんぶの身体接触によって、無意識に相手の呼吸を引き込む訓練をしていると考えられます。なぜなら、それが赤ちゃんにとって心地よいことだからです。

実は、絵本の読み語り・読み聞かせにおいても呼吸の引き込みが生じているのです。絵本の読み語り・読み聞かせをしていると、読み手と聞き手との呼吸が合っていることを実感することがあります。それは、子どもたちがシーンと聞き入っている時も感じられますが、絵本の中のことばを読み手と聞き手が同時に発話したりすることでも観察できるのです。絵本を読んでくれる人の呼吸を引き込むこと、これは乳幼児期の呼吸の引き込みの身体的記憶につながる心地のよいものだと言われています。

絵本の読み語り・読み聞かせを家庭で実践すれば、息の合った素晴らしい家族になるでしょう。教室で実践すれば、息の合った素晴らしい学級になるでしょう。ロボットにはできない呼吸を、人間がしていることは、実に尊いことです。

⑩　絵本モンタージュ（残像）の効果

フロンタリティーと主人公の配置と色彩だけならば、一枚の絵画と変わりありません。絵本の核心は、絵本をめくることによって生じる絵本モンタージュにあると言ってもよいのです。絵本モンタージュとは、一枚の絵画を見るだけでは得られない印象や心理的効果を、複数の絵画を組み合わせることによって得させる仕掛けです。

松本猛は、絵本モンタージュについて、次のように規定しています。

本という形態をもつ絵本は、ページをめくるという行為によって展開されるものである。読者にとって、ページをめくるごとに現われる絵本の画面は、それまでに展開されてきた画面の印象を記憶に残しながら、そのうえに新しい絵のイメージを積み重ねていくのである。つまり、絵本の世界はそれぞれの画面の印象の、さまざまな結びつきや積み重ねのうえに成り立つものである。そこには一枚の絵や言葉だけの意味をこえた、絵本独自の世界が創造されている。絵本モンタージュというのは、このさまざまな画面と画面、あるいは画面と文などの結びつき方によって生まれる、新しいイメージを意識的につくり出すための方法である。

（『絵本論―新しい芸術表現の可能性を求めて―』岩崎書店、一九八二年、九八〜九九頁）

例えば、絵本『だるまちゃんとてんぐちゃん』（加古里子作・絵、福音館書店、一九六七年）であれば、赤いだるまちゃんが白いてんぐちゃんに対し、表紙以外全て左側に描かれる画を組み合わせることによって、読者（聞き手）をだるまちゃんに共感させ、自分の欲求を大人が全面的に肯定してくれるという感覚を味わわせる仕掛けになっています。

絵本『りんごがたべたいねずみくん』（なかえよしを作／上野紀子絵、ポプラ社、一九七五年）であれば、ねずみくんを右下に描く画を何枚も組み合わせることで、りんごが取れないねずみくんに読者（聞き手）を共感させ、ねずみくんの葛藤を共有させる仕掛けになっています。

絵本『にゃーご』（宮西達也作・絵、鈴木出版、一九九七年）であれば、猫のまるい大きな顔を常に左上に描く画を組み合わせることで、読者（聞き手）を猫に共感させ、猫の葛藤を共有させる仕掛けになっています。

実は、絵本とは、物語と相まって、絵本モンタージュの仕掛けにより、読者（聞き手）が主人公の物語を追体験することで、主体的真実を見つけたり、自己の真の欲求に至ったりするシステムなのです。つまり、絵本モンタージュこそ、絵本と子どもたちとの間に「生きた回路」を作る優れた仕掛けなのです。

（４）絵本の読み語り・読み聞かせによる読書教育の革命

大村はまが、教室で絵本『りんごがたべたいねずみくん』を読み聞かせた時、一番前にすわっていた男子生徒が「ねずみくんて、ぼくみたい……」とつぶやいたそうです（『大村はま国語教室6』筑摩書房、一九八三年）。絵本とその読み聞かせは、中学生にも「身につまされる」経験を引き起こす可能性があります。まるい大きな正面顔を持つ絵本の主人公とその絵本モンタージュの仕掛けには、「身につまされ」て、人間とは、人生とはへの解答を求める心の動きを、無意識にも働きかけて生起させる力があるのではないでしょうか。

つまり、絵本の読み語り・読み聞かせには、人とは、人生とはを「身につまされ」て感じる力そのものを育てる機能があり、やがて、子どもが一人の読者として小説などを読もうとする時、主体的真実と出会うための力になると考えます。絵本の読み語り・読み聞かせは、作者のことばと自分との間に「生きた回路」を作り、子どもたちが「読者」となることを励ます基礎経験になるのです。ここに絵本の読み語り・読み聞かせの読書教育における意義があります。

ジム・トレリースが引用していたシカゴ市長のことばをもじって、私は次のように言いたいと思います。

もしも教師たちが、担当する子どもたちに一日に一〇分、絵本の読み語り・読み聞かせをするようになれば、読書教育に革命を起こすことができるでしょう。

参考文献
大村はま著『大村はま国語教室6』筑摩書房、一九八三年
岩井寛著『色と形の深層心理』日本放送出版協会、一九八六年
長谷川集平著『絵本づくりトレーニング』筑摩書房、一九八八年
藤本朝巳著『絵本はいかに描かれるか―表現の秘密―』日本エディタースクール出版部、一九九九年
余郷裕次著『絵本のひみつ―絵本の知と読み聞かせの心―』徳島新聞社・京都新聞出版センター他、二〇一〇年

2　本に出会う―ブックトーク―

山元悦子

（1）ブックトークとは何か

「この本おもしろいよ。読んでみる？」ブックトークのねらいはこの呼びかけの言葉につきています。ブックトークとはいったいどのようなものなのでしょうか。本の紹介とどう違うのでしょうか。『ブックトーク再考―ひろがれ！子どもたちの「読みたい」「知りたい」―』（学校図書館問題研究会「ブックトークの本」編集委員会編、教育史料出版会、二〇〇三年）では、ブックトークの定義を次のように述べています。

ブックトークとは、あるテーマに関連づけて複数の本を選び、それらの本をつないで紹介すること。ブックトークは聞き手に本の魅力や特徴を伝え、読みたい気持ちを刺激することを目的と

する。（一一九頁）

また、『ブックトーク―理論と実践―』（全国ＳＬＡブックトーク委員会編、全国学校図書館協議会、一九九〇年）には次のように説明されています。

〔本について〕特定のテーマに関するすぐれた図書群を、批評や解説を試みながら順序よく紹介し、それら〔児童生徒や学生、広くは図書館利用者〕の図書の利用を促進しようという目的を持って行う教育活動である。（一三～一四頁）

ブックトークは、話し手が自分が読んでおもしろかった本の感想を伝えるトークではありません。ブックトークは、もともと図書館職員がレファレンスワークとして行うもので、本に関する知識と技術を持った専門職の人たちの活動でした。ある目的を持って選書した本を、一連のトークの流れに乗せて紹介し、聞き手の読みたい気持ちを喚起することを目的としたレファレンス活動です。ですから、そこには明確な目的と、聞き手に応じた選書があり、入念に考えられたトークのシナリオが必要です。それに、どのような場所でするのか、時間はどのくらいなのかを配慮することも欠かせません。

もちろん、自分が読んでおもしろかった本、薦める価値があると判断した本を選ぶことは大前提ですが、聞き手に手に取って欲しい本を準備し、聞き手と本をつなぐことを目的とした意図的なトークであることを忘れてはなりません。

（2）ブックトークの起こりと広がり

ブックトークは、もともとアメリカの公共図書館の図書館員の業務の一つでした。ブックトークという言葉は、『公共図書館における児童奉仕』（E・L・パワー、一九四三年）の中で登場していることが指摘されています。それがアメリカの児童図書館などで学んできた渡辺茂男や松岡享子によって日本に紹介されていったのです。一九七四年『学校図書館』二八七号に「特集ブックトーク」が編まれたのを皮切りに、一九七七年に岡山市学校図書館問題研究会がブックトーク研究をテーマに発足し、一九八六年にはその成果が、『ブックトーク入門―子どもが本を好きになるために―』（岡山市学校図書館問題研究会編、教育史料出版会）にまとめられ、図書館関係者の中に浸透していきました。

岡山市学校図書館問題研究会は、岡山市の小・中学校の司書と図書館係の教諭で組織された会で、当時のブックトークは、「岡山市の学校司書集団が自分たちで定着させてきた」（同右、二一四頁）専門性のあるレファレンス活動でした。日本流のブックトークのスタイルや技法の開発もここから始まったといえましょう。

その後、二〇〇一年一二月に「子どもの読書活動の推進に関する法律」が制定され、学校での読書指導が活性化していきます。読書活動の推進を後押しするボランティア団体の活動もさかんになります。ブックトークはＪＰＩＣ（財団法人出版文化産業振興財団）などが開催する研修を受けたボランティアの人々が、求めに応じて様々な場所で実演したり、各地で発足した司書経験者による研究会・ボランティア団体の人たちの活躍によって地域に広まっていきました。

小学校の国語教科書（Ｍ社平成一〇年版）にも、ブックトークが導入されています。同社の学習指導書によると、単元「読書の楽しさを伝え合おう」（五年下）において、グループ読書会から読書発表会へ展開する学習の過程に教師あるいは司書によるブックトークが計画されています。また、学習指導書の解説には、ブックトークについて、「本来豊かな読書量と話術を持った図書館司書が行うものであるが、テーマを設定し読書紹介と同じように児童生徒が共同で行うことができる」と説明した文言が登場しています。

また、二〇一一年（平成二三年）四月から小学校で全面実施された『学習指導要領国語編』において、「読んだ本を紹介する」という言語活動事例が示されます。そのため、今後は児童生徒によるおすすめの本紹介という学習活動もブックトークと称されることもあるでしょう。それが妥当かどうかはともかくとして、ブックトークは児童生徒の表現活動の一つにまで拡大して理解されるようになってきたのです。

このように、ブックトークは学習活動の一つとして援用されはじめています。ブックトークが、ブックトークをする人自身にもたらすよい効果を考えると、このような活用の仕方もよいのかもしれません。ブックトークは現在、その目的、実施者、実施形態ともども様々な広がりを見せています。そこで、現在のところブックトークとは、狭義には図書館職員や司書によるレファレンス活動を指すが、広義には、聞き手に本への興味を持たせ、本を手に取ることを促すため、あるテーマをめぐる何冊かの本を選書して紹介するトーク全般を指すこともあると捉えておくとよいでしょう。

（3）ブックトークの値うち

子どもと本をつなぐための働きかけは、紹介パンフレットの配布、読み聞かせ、ストーリーテリングなど様々にあります。その中にあってブックトークにはどんな魅力や効果があるのでしょうか。いくつか指摘しておきましょう。

・文字で書かれたパンフレットを配布する方法に比べ、人の言葉を介して語られるので、声の力や語る人の個性が加わり、聞き手に強い印象を与えます。その本を実際に読んだ人が、自分の思いや感動を乗せて紹介するので、紙のブックリストとは違う人間的な温かさも伝わります。

・話し手と聞き手の間で応答的なやりとりができ、ライブの一体感を持って進めることができます。紹介する人とされる人の心が通い合うひとときが生まれるのです。

　ブックトークは単なる職業上の技能ではなく、本を好きな人が、別の人とその気持ちを分かち合おうとする行為として、魅力があります。

・話し手である教師や図書館員が聞き手である子どもたちに与える人間的な影響も見逃せません。薦められる本の良さ以外にも、話し手の本に対する熱い思いが伝わり、本を愉しみ本を手元に生活することの豊かさを伝えることができるのです。話し手が書物に対して抱いている愛着、関心、生き生きと楽しげに語るその姿に聞き手は感銘を受け、読書に関する肯定的な印象を持ちます。それは、紹介された本への興味だけではなく、読書一般についての興味をかき立てることにもつながるのです。

・本と本とのつなぎ方を工夫することで様々な広がりを持たせた本の紹介ができます。聞き手が自力では出会えなかった様々な種類の本へ誘う窓口となります。

・ブックトークはそれを演じる人にも大きな益をもたらします。人に紹介する目的で本を読む時には、自分が好きなように読む読み方とは違った読み方が要求されます。味わい方の質が違うのです。ここがおもしろい、これは紹介するに値すると判断しながら読むのは、その本の価値を捉えながら読むことにほかなりません。どんなふうに本のおもしろさを紹介しようかと考えながら読むのは、本を通して自分の気持ちを伝える行為であり、人とつながるうれしさも感じることができます。自分の語りによって聞き手が心を動かされ、本を手にしてくれることは、ことのほかうれしいものです。同じ本を読んだ人と心のつながりが生まれ、ブックトークをする人自身、本を手に取ることが増えてくるでしょう。ブックトークにはこのような効果もあるのです。

（4）ブックトーク作成上のポイント

ここでは、小・中学生に向けてブックトークを行うことを念頭に、ブックトークを作る上でのポイントを説明します。

①　目的を明確にする

ブックトークをする目的をはっきりさせます。例えば、⑴教科の学習の導入としてするのか。⑵学校の図書館の利用促進のためにするのか。⑶幅広い種類の読み物に目を向けさせるためのものか。目的が決まったら、テーマは聞き手の注意を引く言葉がよいでしょう。「新聞ウオッチィング―作ることから使うことまで―」（目的⑴）、「学校図書館探検」（目的⑵）、「職業探しの本―ワークはわくわく―」（目的⑶）など、聞き手が興味を持ちそうなテーマタイトルを工夫しましょう。

写真１　ブックトークを組み立てる

②　聞き手を分析する

ブックトークは、聞き手の本に対する興味を喚起することが目的です。そこで、以下のような点について聞き手の実態を捉えておくことが望ましいでしょう。

□聞き手の興味関心のありか（今どんなことが子どもたちの間ではやっているのか、どんな学習をしてい

るのか）

□これまでの読書体験（子どもたちにどんな本が好んで読まれているのか）

□集中力（どの程度の時間、どのぐらいの語りの言葉なら、理解し、聞いてくれるか）

③　場の条件を考慮する

□屋内か屋外か。教室か図書室か。広さ、椅子か絨毯か。紹介した本を置く場所は？

□所要時間

□紹介した本は聞き手がすぐに手に入れることができるか

写真2　しおり―自然

写真3　しおり―食を通じて

写真4　ミニブック型しおり

④　本を選ぶ

ある目的を持ったブックトークを依頼されることもあります。その場合、目的に沿ってテーマを設定し、それに適した本を選んでいきます。例えば、物語に偏りがちな子どもたちの読書ジャンルを広げたいという目的のブックトークを依頼された場合、科学的読み物のおもしろさを知らせるというテーマを設定し、『ファーブル昆虫記』・図鑑・科学雑誌を紹介するブックトークを作るといった選び方です。

自由に作るブックトークでは、実施者がこれはよいと感じ、紹介したいという一冊の本から広げていくことも多いでしょう。その場合まず大切なのは、自分がおもしろいと思い、紹介する価値を見いだした本を基軸に作っていくことです。そうすれば、話し手の、本に対する熱意や愛情が自ずからにじみ出るブックトークになります。また、何らかの理由で、よい本でありながら子どもたちの手に取られない本を積極的に取り上げるのもいいでしょう。装丁が地味で活字が小さかったり、舞台が外国であったり、昔の話でなじみがなかったりするけれども内容は魅力的な本などです。こちらが薦めなくても子どもが手にとるような本はブックトークの必要はありません。

バラエティに富んだ取り合わせで変化を持たせましょう。いろいろなジャンルの本、同じテーマを別の角度から扱った本、内容レベルも易しいものから難しいものまで取り混ぜて、様々な興味と能力を持つ聞き手の子どもたちに備えましょう。

いずれにしても、手に取った本の向こうに聞き手である子どもたちの姿を思い浮かべ、反応を予想しながら本を選んでいくことが大切です。本を選ぶ手がかりとなる文献も多数出版されています。それを参考に選んでいくのもいいでしょう。

一回三〇分のブックトークで、五冊から一〇冊（シリーズを紹介する場合など）を目安に選書します。

⑤　トークの流れを考える

つかみで緊張を解きほぐし、実演者との関係を作る。展開部では、どのように広げたりつなげたりするか、紹介の仕方の粗密、紹介の仕方のバラエティ、小道具を使うなら小道具の生かし方と紹介のバランス、聞き手参加の機会をどう作るか、締めくくりをどうするか。このようなことを考えてトー

写真５　ブックトーク試演

写真６　ブックトーク検討会

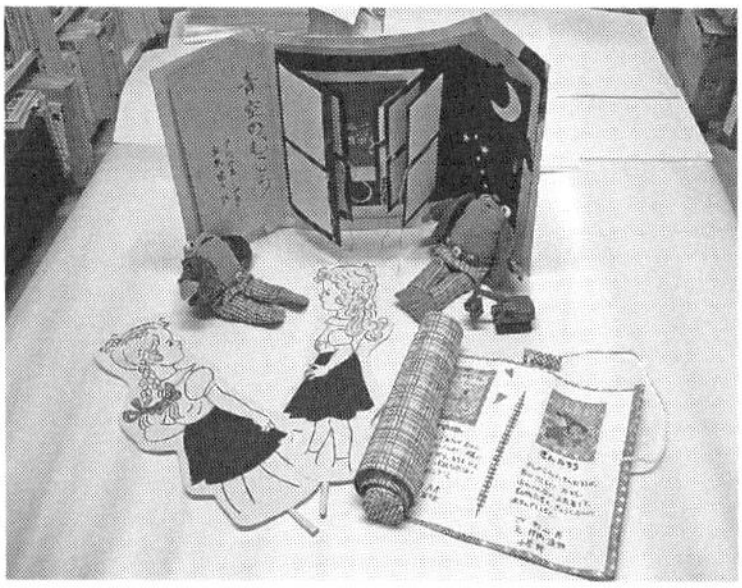

写真７　小道具　ペープサート　パペット

クの大まかな流れを構想していきます。

⑥　台本を作成する

効果的なブックトークをするには、台本を用意し、トークの流れを具体的な言葉にしておくことが大切です。話す言葉の全部を書いておくこともありますが、本番ではそれを読み上げることは禁物です。導入の言葉や、次の本に移る時の言葉、最後に締めくくる言葉はあらかじめ考えておくことは必要ですが、あとは聞き手の反応を見、それに応じながら進めていきます。

台本には、引用するページや、書いてあることをそのまま読み上げて説明する部分や、印象を深めるために朗読する部分、小道具を利用するタイミングなどの演じる上での留意点を書いておくといいでしょう。それぞれの本に費やす時間や用いるテクニックは、ブックトークのねらいや本の性質によって違ってくるので、その本の性質やブックトーク上の位置づけに合わせて考えていきます。

⑦　しおりを用意する

ただ口頭で紹介するだけではタイトルを聞き逃すこともあります。紹介した本はしおりに題名などの情報を載せ、子どもたちが自分で探せる道しるべとして用意しておきます。しおりを渡すタイミングは、紹介した後が原則です。

⑧　試しのブックトークを聞いてもらう

頭の中で組み立て、台本を用意しても、いざ試演してみると思いのほか手間取ったり、つなぎが不自然だったり、小道具が効果的でなかったりなどの問題点が見えてきます。できれば誰かの前で試しのブックトークをして、問題点をチェックしてもらいましょう。

聞き手に回って聞いてくれたブックトークをする仲間との検討会を通して、効果的だった点と改善点を洗い出し、さらにブラッシュアップをはかります。
⑨　台本通りに進めることにこだわらず、聞き手の反応を観察しながら、自分も楽しむつもりで進めます。聞き手から「あーおもしろかった。この本読んでみたいな」という反応が得られることを願って、明るく楽しく行いましょう。

（5）　ブックトークの技法あれこれ

・導入は、緊張をほぐし、話し手と聞き手の気持ちの糸をつなぎます。聞き手を引き込むための工夫をしましょう。例えば本の紹介に入る前にアイスブレイクのための会話をしたり、クイズ、体験話から入るのもよいでしょう。
・耳で聞いてわかる言葉で話します。また、聞き手になじみのない言葉には説明を加えます。全体を読んでいる話し手にとってはわかっていることがらも、聞き手にとっては初めて聞くことなのだと意識して、適切な説明を施しましょう。
・展開部分では、「エー次にこの本は」式の単調な展開の仕方は避けます。「このお話は地面の中の生き物の話でした。今度は目を空に転じてみると……」など、つなぎをスムーズにします。

・朗読するところや引用する部分などのページにはしるしを挟んでおきます。「その時、主人公はこう言ったのです。……」と語った後、タイミングよくそこが読めるように。
・本と本とのつなぎは工夫のしどころです。全体として変化があるようにアレンジします。例えば、一部をお話として語って聞かせる。朗読する。おもしろい挿絵や図などを見せる。あらすじを物語世界の地図や人物関係図を用いて語るなど。その本を効果的に印象づけるやり方を選びます。
・単調にならないよう、応答的やりとり、クイズ、隣の人と相談、体を動かす活動を入れるなど、流れに変化を持たせます。
・紹介する部分だけ聞いた時に、聞き手はどのような印象を持つか客観的に分析することも必要です。ブックトークの聞き手と、全体を読んでいる話し手とは情報にギャップがあります。話し手とは異なる出会いをすることになるので、話し手の紹介によってどんなふうに内容が理解されるのかを聞き手の立場に立って想像してみましょう。試演を聞いてもらい、聞き手に聞いてみるのもよいでしょう。
・本の内容は素直に紹介することを心がけます。過大評価して紹介すると、子どもたちが実際に読んだ時、そうでない場合はがっかりし、話し手への信頼が失われてしまいます。例えば、分量が多い、はじめは取っつきにくい、難しい言葉が出てくるなどは、そのまま知らせるのです。
・聞き手とのやりとりを入れると効果的な場合があります。その場で生じた双方向的なやりとりを生かすことで聞き手をぐっと引きつけることができます。

・ジャンルによる内容の紹介の仕方を考えましょう。科学的読み物の場合は、実物提示、写真を生かす、実際にやってみる、生活経験に引きつけるなどが考えられます。物語の紹介の仕方には、朗読、挿絵を生かす、本の帯や内とびらの言葉や後書きを利用する、人物に注目して紹介する、物語世界の地図を利用するなどもいいでしょう。
・小道具を使うのも効果的です。でも、使うものや使うタイミングを慎重に考えておくことが大切です。過剰なものになってしまうと、本そのものに対する印象が薄れ、逆効果になります。
・ブックトークを実施した後は、実施してみて初めて気がつくことが多々あります。仲間と聞き合い、反省点や効果的だった点を整理して、次なるステップアップのために必ず記録を残しておきましょう。

資料：ブックトーク台本・記録用紙例

ブックトーク台本

〈テーマ〉　ふたり
〈対象〉　小学五年生
〈どのような場所・状況で〉　自由読書を始める時期に、学校図書館で
〈実施日・時間〉　○○年○月○日　十三時～十三時三十分（三十分）

〈ねらい〉　小学校高学年にもなると子どもたちの読書傾向は個性的になってくる。とかく自分の好むジャンルに偏りがちな選書傾向を広げ、これまで手にしたことのないジャンルや内容の本への興味を持たせたい。今回選んだのは、シリーズで読む本、物語、ドキュメンタリー、絵とともに楽しんで読める本、写真絵本である。

　また、小学高学年は、自分というものを対象化して捉え始め、他人と自分の違いや他人との関係の持ち方について考え始める時期でもある。そこで、「ふたり」というキーワードで、なかよしのふたり、力を合わせるふたり、自分の中の二面性、世界の中（他国）で生きている同じ年齢の子どもと自分、という角度から、友情について考えたり、自分の内面を見つめる手がかりとなる本を選んだ。

〈選んだ本〉

①『ふたりはともだち』『ふたりはいつも』アーノルド・ローベル、文化出版局、一九七二年・一九七七年

②『ぼくらの地図旅行』那須正幹文・西村繁男絵、福音館書店、一九八九年

③『ふたりのロッテ』エーリヒ・ケストナー、岩波少年文庫、二〇〇六年

④『きんさんぎんさん百年の物語—日本一長生きのふたごおばあちゃん—』ハート出版、二〇〇一年

⑤『なんでもきいて！　まるごとビジュアル大百科—膨大なデータとビジュアルで世界を読み解く—』日東書院本社、二〇一一年

⑥『ジーキル博士とハイド氏』スティーヴンスン、岩波少年文庫、二〇〇二年

⑦『ふたり☆おなじ星のうえで』谷川俊太郎、東京書籍、二〇〇七年

〈展開〉

導入：みなさんには、兄弟はいますか。一人っ子の人はいる？　ふたり兄弟の人は？（三人兄弟、四人兄弟と聞いていく。）ふたり兄弟の人に聞くんだけど、ふたりだとどんないいことがある？（聞き手の子どもたちとのやりとりを楽しみ、雰囲気をほぐす）。今日は、ふたりの人がでてくる本を何冊か紹介します。「ふたり」というのは、仲良しの友達ふたりだったり、姉妹だったりします。いろいろな「ふたり」のお話を楽しんでください。

シナリオ	演じるときの留意点
この人形が出てくる物語を知っていますか？……そう、がまくんとかえるくんですね。「お手紙」というお話です。「どうしたんだい、がまがえるくん。きみ、かなしそうだね。」「うん、そうなんだ。今、一日のうちの悲しい時なんだ。つまり、お手紙を待つ時間なんだ。」。ふたりは性格は違うんだけど、お互いのことが大好きでとても仲良しな友達です。このお話はシリーズになっています。個性的なふたりが繰り広げるいろいろな短いお話が集まった短編集なので気軽に読むことができます。友達っていいものですよね。	『ふたりはともだち』 がまくんとかえるくんのパペットを鞄から取り出し興味を引きつける。 人物の会話の一部を演じる。 シリーズ本を表紙だけ見せる。
友達という言葉が印象的なのは次の本です。『ぼくらの地図旅行』。この本はみんなと同じ小学五年生のふたりの男の子、シンちゃんとタモちゃんが登場し	『ぼくらの地図旅行』 表紙をじっくり見せる。

九ページの該当部分を指さしながら説明する。絵が細かいので本を動かさずじっくり見せる。

『ふたりのロッテ』

裏表紙の文章を読む。

てきます。ふたりはひょんなことから地図だけを頼りに、八キロもの長い距離を歩いて目的地に向かう旅行をする羽目になりました。この本のおしまいあたりにシンちゃんとタモちゃんのこんなやりとりがあります。「だってさ、ぼくひとりじゃあ絶対ここまでこれなかったと思うんだ。タモちゃんがつきあってくれたから。」「そんなことないさ。地図がよかったんだ。」「地図があったってだめさ。頼りになる友達がいないと。」。ふたりはいったいどんな地図旅行をしたのでしょう。この本のおもしろいところは、（九ページを見せて）こんなふうに、ふたりがいる風景の絵と、地図記号が書かれた同じ場所の地図が合わせて載せられていることです。実際の場所が、地図で表すとこんなふうになるんだなということがよくわかります。それにこの本には変わったあとがきと索引がついています。索引というのは、本の中のいろいろな語句をとりだして並べて載せているもので、事典などでは本の後ろに付いています。そこにはどんな語句がどの頁に載っているかを書いているのが普通ですが、この本では、絵の中に小さく描かれている動物や屋根のペンキを塗る人がどのページにいるかが書いてあります。どこにいるのか探してみるのも楽しいですよ。

今度はふたりの女の子のお話です。本には内扉や裏表紙に内容について少し紹介している文章が載っていることがあります。この本の裏表紙にもあるので読んでみましょうね。「お互いを知らずに別々の町で育った、ふたごの姉妹ルイーゼとロッテ。ある夏スイスの林間学校で、ふたりは偶然に出会います。父と母の秘密を知ったふたりは、別れた両親を仲直りさせるために、大胆な計画

『きんさんぎんさん百年の物語』
表紙の写真を見せる。

『なんでもきいて！ まるごとビジュアル大百科』
該当ページを開いて説明する。

『ジーキル博士とハイド氏』
五一ページの挿し絵を拡大したものを提示して語る。

を立てるのですが……」。さあ、ふたりはいったいどんな計画を実行するのでしょう。皆さんがロッテだったらどうする？ 読んでみたい人はどうぞ。

さて、ふたごといえばこの方々。（本を見せながら）きんさんとぎんさん。皆さん知ってますか。（しばらく聞き手とのやりとりをする。）この本はきんさんとぎんさんのお宅を訪問し、長期にわたってインタビューを続けてきたフリーライターの綾野まさるさんが、おふたりの人生を物語風に書き表した童話です。きんさんとぎんさんは、明治・大正・昭和・平成という四つの時代を生きてきました。めまぐるしく変化した時代をきんさんとぎんさんはどのように過ごしてこられたのでしょうか。人生山あり谷ありです。おふたりの人生の山や谷を一緒にたどってみませんか。

（以下ブックトークの梗概を説明）

ふたごの話がふたつ続いたことに関連させて、なぜふたごはうりふたつなのかと疑問を投げかけ「一卵性双生児がそっくりなのはなぜ」というページのある、『ビジュアル大百科』につなぐ。百科事典にはいろいろな種類があることをいくつかの百科事典の表紙を見せながら紹介する。

『ジーキル博士とハイド氏』は、夜の霧に包まれたイギリスのロンドンが舞台であることを説明し、作品に流れる暗い雰囲気を、語りに表情をつけて伝える。そしてこれは怖いお話であることを述べ、怖いというのは一般的にいう怖さとは少し質の違う怖さであることを説明する。ジーキル博士とハイド氏が同一人物であることがわからないように気をつけて紹介する。少し内容の程度が

『ふたり☆おなじ星のうえで』

　ふたりの女の子のペープサートを準備して紹介し、導入にする。


高いことも伝えておく。

　最後の本『ふたり☆おなじ星のうえで』は、明るくテンポよく紹介する。何カ所かページを見せながら紹介し、同じ地球に生きているふたりの女の子（インドと日本）でも、こんなに生活が違っているのだということを感じとらせる。そして、あたり前のように過ごしている日本の自分の生活を、「世界」という視点で俯瞰して見直すような言葉がけをし、自分の日々の暮らし方を客観的に見つめさせる。

（締めくくりの言葉）

　さあ、今日は「ふたり」というテーマで七冊の本を紹介しました。ここに並べてある本のうち、どれに興味を持ちましたか？　これらの本の題名を書いたしおりを配ります。これを持って図書館に行けば本を簡単に見つけられます。どれにしようかな。お隣に座っている友達とふたりで、どの本がおもしろそうか話してみましょうか。

　本は、ひとりで読むのも楽しいけれど、ふたりで読んでおもしろさをわかちあうのはさらに楽しいものです。皆さんによい本との出会がありますよう、お祈りしながらこれでブックトークを終わります。

ブックトーク記録用紙

〈テーマ〉
〈対象〉
〈どのような場所・状況で〉
〈実施年月日　所用時間〉
〈聞き手の反応〉

演じる途中で気がついた聞き手の様子を思い出して書いておく。どんな時に聞き手が身を乗り出して聞いていたか。飽きてきたのはどんな時か。わからない顔をしていたのはなぜ？など。

書　名	その本を読みたいと答えた人数	実際に読んだ人数
	（挙手などで調査する）	

〈考察〉

ブックトークの効果について，目的に照らしながら考察する。具体的には，テーマの適切さ，選書の適不適，展開や言葉がけについてなど，聞き手の反応を手がかりに内省する。演じる立場で聞いていた仲間がいれば意見を聞いてみる。

〈参考図書〉

選書には漏れたが検討した本などがあれば書いておく。

おわりに

ブックトークは話し手の思いを一方的に伝えるトークではありません。それに内容の解説や批評をすることでもないのです。紹介する本について聞き手の興味をわかせることが目的であることを忘れてはなりません。

自分が読んだ本のおもしろさを自分の言葉で語るのが大前提。でも本の良さを誇張しないように、押しつけないように。楽しくさりげなく、本の魅力を子どもたちに手渡すつもりで作りましょう。

意外な発見に驚いたり、しんみりしたり、心がわくわくする内容を聞き手に提供し、その本と出会うことで子どもの心の世界が広がっていくような、そんな本との出会いをコーディネートするのがブックトークです。子ども時代に心にしみこむ本に出会うことはその後の子どもの人生の栄養になります。ブックトークはその出会いを促す大変意義のある読書指導なのです。子どもたちと本との橋渡しをする。これがブックトークの大切な役目だといえましょう。

注『ブックトーク12か月』滋賀県学校図書館協議会中学校部会ブックトーク研究会編、全国学校図書館協議会、二〇〇四年、一四頁

参考文献

・ブックトーク活動の歴史を知りたい時は

『ブックトーク入門』岡山市学校図書館問題研究会編、教育史料出版会、一九八六年

『ブックトーク―理論と実践―』全国SLAブックトーク委員会編、全国学校図書館協議会、一九九〇年

『ブックトーク再考―ひろがれ! 子どもたちの「読みたい」「知りたい」―』学校図書館問題研究会「ブックトークの本」編集委員会編、教育史料出版会、二〇〇三年

・ブックトークを作りたい時は

『ブックトーク12か月』滋賀県学校図書館協議会中学校部会ブックトーク研究会編、全国学校図書館協議会、二〇〇四年

『だれでもできるブックトーク「読みきかせ」から「ひとり読み」へ』村上淳子編著、国土社、二〇〇八年

『だれでもできるブックトーク2（中学・高校生編）』村上淳子編著、国土社、二〇一〇年

・本を選ぶための参考になる本が欲しい時は

『よんでよんでトーク ①友だち ②自然 ③冒険 ④家族 ⑤動物 ⑥不思議』高橋元夫・蔵元和子編著、星の環会、一九九五〜一九九七年

『本の探偵事典 いろの手がかり編／ごちそうの手がかり編／どうぐの手がかり編／どうぶつの手がかり編』あかぎかんこ著、フェリシモ、二〇〇五年

『やさしさと出会う本―「障害」をテーマとする絵本・児童文学のブックガイド―』菊地澄子ほか編、ぶどう社、一九九一年（障がいを持つ人たちとの出会いにつながるような内容の本が掲載されている。）

『新・どの本よもうかな? 中学生版』全2巻、日本編、海外編、日本子どもの本研究会編、金の星社、二〇一四年

『新・どの本よもうかな？』全3巻、一・二年生、三・四年生、五・六年生、日本子どもの本研究会編、国土社、二〇〇〇年
『子どもにすすめたいノンフィクション―1987～1996―』日本子どもの本研究会ノンフィクション部会編、一声社、一九九八年
『子どもの本　科学を楽しむ３０００冊』『同　伝記を調べる２０００冊』『同　社会がわかる２０００冊』『同　歴史にふれる２０００冊』日外アソシエーツ編、二〇〇九～二〇一〇年
『新・どの本で調べるか―調べたい本がかならず探せる―全面改訂版』図書館流通センター編、リブリオ出版、二〇〇三年

3　子どもの読む力を引き出す—読書へのアニマシオン—

山元悦子

（1）アニマシオンとは何か

アニマシオン（Animación　スペイン語）は、日本では耳慣れない用語です。言葉そのものは、ラテン語のanima（魂）から派生した言葉で、「生命と動きを与え、活気づけるための活動や方法」（『フランスの公共図書館60のアニマシオン』）と定義されています。アニマシオンは、日本語では「活動」「活性化」という訳があてられています。

アニマシオンの語義は以上のようなものですが、フランスでは社会教育・生涯教育活動を指す用語で、ひとつの資格となっている職業です。その仕事は青少年育成センターなどの活動運営などを拠点とし、社会文化振興のための様々な活動を行う専門職なのです。その様々に実施される活動のひとつとして、公共図書館を拠点とし司書が企画実施する、社会文化振興活動としてのアニマシオンが含まれているのです。そこで行われるアニマシオンは、図書館が利用者に向けて企画し、提案し、発進する読書と文化への誘いの総称です。つまり、読むことに興味を持たせ、図書館に通うことに慣れさせ、子どもの文化教養を育むために行われる諸活動が、図書館で行われるアニマシオンなのです。例えば「お話のひととき」と称して、子どもに朗読や読み聞かせをしてお話をする。図書館で資料探しのゲームをする。ある主題をめぐって話し合うなどの活動が行われます。活動を楽しむ対象者も子どもに限らず幅広い来館者に対して行われています。つまり、アニマシオンは、経済優先の社会に失われがちな、余暇を楽しみ自然を感じ慈しみ、文化芸術活動を振興し、人間らしい生活を送るために、それらの活動をコーディネートする専門職の人々が企画する諸活動を指しているのです。

このようなアニマシオンの活動のうち、読書という活動に特化してアニマシオンを開発してきたのが、スペインのMaria Montserrat Sarto（マリア・モンセラット・サルト。一九一九〜二〇一一）です。本章では、この「読書へのアニマシオン」に絞って論を進めていきます。

（2）読書へのアニマシオン

「読書へのアニマシオン（La Animación a la Lectura）」は、「作戦（ストラテジー）」と呼ばれる活動から成り立っています。作戦では、アニマドール（指導者）が事前に紹介して配布した本をあらかじめ子どもたちが読んできます。集まった子どもたちに対して指導者が作ってきた質問に答えるために、じっくり考えたり、話し合ったりすることを通してより深く読むことを学ぶというものです。質問は子ども一人ひとりに用意されており、他者と協力しながら話し合って質問に答えることも行われます。

読書へのアニマシオンは一九八〇年代初めに開発され、日本では、『読書で遊ぼうアニマシオン本が大好きになる—25のゲーム—』（M・M・サルト著、佐藤美智代・青柳啓子訳、柏書房、一九九七年）、さらに『読書へのアニマシオン—75の作戦—』（M・M・サルト著、宇野和美訳、柏書房、二〇〇一年）が出版されています。日本に、モンセラット・サルトの「読書へのアニマシオン」活動が紹介されたのは、『読書で遊ぼうアニマシオン』が邦訳された一九九七年ということになるでしょう。

サルトの読書推進活動の功績に対して、一九九三年にはＩＢＢＹ朝日国際児童図書普及賞が贈られました。その後、二〇〇〇年秋スペインＥＳＴＥＬ（Estudio, Educación, y Lectura 学習教育読書協会）という民間団体が主催する八〇時間セミナーが開かれ、日本からも参加した人々がいました。スペイン研修で彼女のこの活動に触れた辻由美、佐藤美智代、青柳啓子らによって、日本で「モンセラ・サルト理論に基づく読書へのアニマシオン協会」が設立されます。そのほかにも、様々な立場からその価値に共鳴した人々によって、日本でも読書へのアニマシオンが実施されていきます。

サルトは、二〇〇〇年に来日し、国際読書教育シンポジウム（有元秀文国立教育政策研究所教育課程研究センター総括研究官企画・運営）において、アニマシオンの実演も行いました。このようにして「読書へのアニマシオン」は日本に導入されていったのです。

（3）読書へのアニマシオンの理念・内容・方法

では、サルトらの提唱した読書へのアニマシオンとはどのようなものなのでしょうか。彼女は、「読書へのアニマシオンは、子どもに読む力をつけることを目的とする」と述べています（『読書へのアニマシオン—75の作戦—』二一頁）。ここでいう読む力とは、いわゆるマークシート方式のペーパーテストで評価されるような読解力を指していません。

読むという行為については、次のように説明されています。

読むには、記号を判読して、その意味を理解できなければなりません。目と頭を働かせるだけではなく、知性や感情、自発性、想像力、記憶力、期待など、人格の全てが関わってきます。このように、あるテクストを読むということは、読み手が作者と一緒になってテクストを築き上げることなのです。書かれたものに対し、賛成したり、反対したりする。こうした積極的な態度こそ、読書へのアニマシオンのメソッドを推し進めるものです。そうしているうちに、読み手は次第に深く理解し、よく考え、楽しむようになります。（「国際読書教育シンポジウム　生きる力を育むための　読書教育のあり方」マリア・ドローレス講演記録、二〇〇〇年五月）

このように、読者がテクストに対して能動的に働きかけて、その人なりの解釈を編みあげていくことが読むという行為なのです。サルトは、「読む行為は自主性に基づいた行動」であり、「読んだものを内面化し、その人独自の読書のスキーマを作る手伝いをし、思考力を鍛え、生きる上で役に立つ判断をするための批判力を身につけさせることが読書へのアニマシオンである。」（『読書へのアニマシオン―75の作戦―』二二頁）と述べ、これを「読む力を引き出す」と称しています。

サルトの対象とする読書は、自由な読書です。成績評価もせず、学校の時間内に実施されますが課外活動的性格を持つ読書活動で、素材としては、児童文学やヤングアダルト文学、詩、場合によっては新聞や雑誌を用いて行うと説明されています。

読書へのアニマシオンは、方法として、「創造的な遊びの形を取る作戦（ストラテジー）」のスタイルで行われ、「一人一人が静かにじっくりと考えることにより、読んだことを自分の中で内面化するよう」な活動が用意されます。

なぜ、遊びのスタイルを取るのか。それについてサルトは、「遊びの要素を持つ教育活動で育った子どもは、どんな地道な仕事も生き生きと楽しむ人となり、人生を永遠の遊びに変えることができる」（ホセ・マリヤル・イ・クトー）、「遊びは単なる娯楽や楽しみではなく、まぎれもなく創造的なものと考えられる」（ロペス・キンタス）の言葉を引きながら、遊びの持つ楽しさや生き生きとした精神活動を通してこそ、主体的能動的な読書行為を営む子どもが育つと主張しています。

読書へのアニマシオンは遊びのスタイルを取りつつ、一人ひとりがじっくりと考え、本や文章の内容を内面化する時間を大切にします。内面化とは、本や文章の内容を解釈し、再構成し、意味づけていく精神作用を指しています。アニマシオンでは、「まず子どもが読書を内面化し、それを作戦の中で皆と客観化した後に、自分なりの主観的な読書」へと進んでいくことをねらっています。そうして「読書を自分のものにしたら、自分独自の読書のスキーマを作り上げ」「文字が表現することをすべて捉えられる主体的で奥深い読み手となっていく」ように育てていくのです。

スキーマとは、「経験や学習によって得られる一定の内的な枠組で、その後入ってくる情報の処理に影響を及ぼすもの。」（同書補注より）を指し、読書へのアニマシオンは、「子どもが読書経験を重ねるうちに、どのように本を読むかという自分なりのスキーマを作り上げていくこと」をねらっていると説明しています。

まとめてみましょう。読書へのアニマシオンとは、丸ごと一冊の本を自分の意思で自由に読むことを前提として行われる活動で、アニマドールに導かれて、遊びの要素を盛り込んだ「作戦」という形で行われます。その目的は子どもの読む力を引き出し、読みのスキーマを形成させ、自ら進んで主体的に本を手に取り、深く読む子どもに成長させることを目的にした活動なのです。

（4）読書へのアニマシオン75の作戦

それでは、サルトの開発した作戦とはどのようなものなのでしょうか。『読書へのアニマシオン――

75の作戦―』では、七五の作戦を学校段階に応じて次のように整理しています。（数字は作戦番号を示す。）

幼児教育

1読み違えた読み聞かせ／2これ、誰のもの？／26ここだよ／27これ、君のだよ／28本から逃げた／29物語を語りましょう／37誰が…でしょう？／38ここに置くよ／47これが私の絵／53よく見る、見える／55聴いたとおりにします／65そして、そのとき…が言いました

小学校

3いつ？どこで？／4何を言いたいの？／5いる？いない？／7どんな人？／8にせもの文／9だれのことを言ってる？／10つかまえるよ！／11これが私のつけた書名／13誤植／14ブルル／25チームで遊ぼう／30なんてたくさんのものがあるんでしょう！／31どうして？／32どれが本当の話？／35その前に何が起きた？／36物語ではそう言ってる？／39何のために？／41なぞなぞを言って、説明するよ／42私の言葉、どこにある？／49だれが、だれと？／50どこですか？／51何かの役に立つ？／52今度は私の番／54だれが、だれに、何を？／57俳句で遊ぼう／59それ、本当？／60ばかだなあ！／63一緒の方が、うまくいく／66舌がもつれる／67この詩が好き

中学校・高校

6本と私／12前かな、後ろかな／15合戦／16それぞれのタイトルを、あるべき場所に／17…といっています／18これがあらすじです／19海賊文／20ファラウテはだれ？／21アングルを変えて／22…と言われています／23想像のはさみ／24だれが、何を、どのように？／33こう始まり、こう終わる／34彼を弁護します／40私はこう考える／43みんなの記憶／44詩人の気持ち／45いい詩だなあ！／46あなたは、私と一緒に／48吟遊詩人／56詩人の対話／58みんなで一つの詩を／61詩人はこううたう／62この文には、意味があります／64一見して／68詩を持ってきました／69言葉が飛んでいった／70意味は、はっきりしてる？／71発見しました！／72いいですか、いけませんか？／73この本を好きなわけ、知っていますか？／74考えていることを言います／75私なら消さない

（『読書へのアニマシオン―75の作戦―』三一七頁）

これらの作戦は、どれも楽しそうなタイトルがつけられていますが、それぞれ子どもたちの読む力の成長を配慮して作られています。まず、まだ読む力の開発されていない幼児の段階では、注意深く読み聞かせを聞く（作戦1）ことなどがねらいとされています。そして、小学校段階では、登場人物像を捉えたり（作戦7）、ストーリーの順序を捉える（作戦35）などの読む力を引き出す作戦が用意されています。中学校・高校段階では特定の場面や文が表している状況を説明したり（作戦17）、人物の行動や作者の主張を捉え、それについて意見交換をする作戦（40）などが考案されています。

では、これらの作戦のうち作戦34を紹介しましょう。

〈作戦34　彼を弁護します〉中学校・高校

タイトル

作品中の登場人物の動かし方を通して、作者の言いたいことを理解していくうちに、知的能力を伸ばすことをめあてとした作戦です。登場人物を弁護しながら、作者の考えに深くふみこんでいきますので、「彼を弁護します」というのは、内容をよく表したタイトルだと思います。

参加者

テクストを解釈することができて、熟考する能力もある程度あって、自分の考えを表現することのできる子ども。中学校の二、三年生から高校生くらいでしょうか。人数は三十人以内におさめます。

ねらい

・じっくりと考える力をつける。
・口頭で表現する力を引き出す。
・解釈〔インタープリーティング〕する能力を使いながら読む。

・一冊の本のなかにある、様々なものの見方を見つける。

責任者

機転がきき、落ち着いていて、忍耐強く、思春期の子どものことをよく理解しているアニマドール。考察力と、作戦で取り上げる適切な登場人物を作品のなかから選ぶ力も必要です。

必要な素材と手段

アニマシオンの最中も一人一冊ずつ本を持っていることができれば好都合です。時に応じて本の一部または段落を引用すれば、より内容の濃い発表ができます。

アニマシオンの時までに、本をしっかりと読んでおくように言います。

それから、参加者が遊びのなかで受け持つ役割（登場人物および読者）を書いた名刺大のカードを人数分、用意します。登場人物のカードには、小説のなかの興味深い人物や、互いに対立した立場にある人物を網羅するように、六人から八人の登場人物を選んで、その名前を一枚に一つずつ書き入れます。残りのカードには、どれも「読者」と書きます。さらに、だれがどの登場人物になるのか、読者役の子どもたちがすぐわかるように、登場人物の名札を用意します。名札にはひもをつけ、首からさげられるようにします。

実践方法

1 参加する子どもたちが集まったら、作品のテーマを手短にわかりやすく話します。次に、これから全員にカードを配ること、カードには主だった登場人物の名前が書いてあるカードと、「読者」と書いてあるカードがあることを説明します。登場人物のカードが当たった子どもは、自分がその人物を好きでもきらいでも、小説のなかでその人物がしたことのわけを説明しなくてはなりません。「読者」に当たった子どもたちは、登場人物が様々な状況でとった行動や態度について、とくに取り上げて明らかにすべき点、ストーリーのなかでの理由を説明してもらうとよさそうな点を、登場人物たちに質問します。

2 全員に行き渡るまでは見ないようにと注意してから、カードを伏せて配ります。配り終わったら、一人一人カードを読み上げてもらい、何の役に当たったかを明らかにしていきます。登場人物のカードに当たった子どもたちは、「読者」と対話しやすいように、「読者」と向かい合って一列に座ります。

3 そして、質疑を始めますが、このときアニマドールが用意しておいた名札を「登場人物」が首からかけるととても役に立つはずです。この作戦におけるアニマドールの役目は、秩序を保ったり、対話に割りこむ人がいたら仲裁したり、受け答えが感情的になりすぎたときに子どもたちを落ち着かせることです。ただし、子どもたちが率直に意見を発表するのを妨げないようにします。推論や、本に書かれていないことを論拠に子どもたちが意見を述べたときだけ、アニマドールは本に戻るように声をかけます。

4　必要ならば最後に、アニマドールがまとめをし、作者の考えがわかったかどうかをはっきりさせます。これにより、一人一人の読解力や読みの深さが明らかになるでしょう。

所要時間

子どもたちが深く考え、自分の能力を駆使しながら、どこまで話し合いを続けられるかによりますので、時間は見積もりにくいのですが、一時間はかかるでしょう。

興味・関心と難しさ

登場人物役の子どもたちの分析能力、考えを発表する力、質問する子どもたちの批判力などが発揮されれば、興味が深まります。

子どもたちの読書力が足りず、本を十分に理解できないとうまくいきません。

行なったアニマシオンの分析

アニマドールは一人になったら、自分の行動を自己評価し、厳しくふりかえります。選んだ本は適切でしたか、子どもたちの関心に合っていましたか。また、子どもたちが自分から答えを発見できるよう、アニマドールは子どもたち自身の読み方を尊重し、自分の意見を抑えられたでしょうか。

これはくり返し取り組むことで、子どもたちの読み方を深め批判力を引き出す作戦です。

（『読書へのアニマシオン―75の作戦―』一五一〜一五四頁）

これらの作戦を選ぶ指針と、作戦の実施にあたっての注意事項は次のように説明されています。

・子供にふさわしい作戦と、ふさわしいレベルの本を選ぶ。
・お祭りのような、わくわくした雰囲気にする。
・作戦は、どの学校行事とも切り離す。
・時間を置いて繰り返す。ただし別の本を使いましょう。
・子供の自由意志で参加する。
・あらかじめ、全体を読んでおく。
・必要な教材を作っておく。

作戦を実施する方法は、次のとおりです。

あらかじめ一人で読んでおくよう動機づけることは、最初のうちは大変かもしれません。子どもが幼い場合や、まだ読むことさえできない時は、お話を語り聞かせるとよいでしょう。年長の子どもの場合は、もしテーマに関心があるなら、本のあら筋を言わずに、概略を述べるだけで十分でしょう。関心さえあれば、子どもは自発的に読むのですから。個人で読む時は、本と直接、個人的にふれあいます。このとき、内面を深めることができます。（引用者中略）共同で作戦を行う時は、うちとけた雰囲気の中で、強要されることなく、めいめいが物語を読んで知ったことをはっきりさせます。質問に答え、話し合いに参加し、本の登場人物やテーマについて自分自身の意見を発表します。参加者は、この場に積極的に参加して、仲間の意見を尊重しなければなりません。だからといって、批判を忘れてはなりません。グループの仲間たちがさまざまな本の読み方をすると、一人ひとりの読み方も豊かになります。（「国際読書教育シンポジウム　生きる力を育むための読書教育のあり方」マリア・ドローレス講演記録、二〇〇〇年五月）

以上が、サルトらの創出した読書へのアニマシオンの理念・内容・方法です。この読書へのアニマシオンに共鳴した日本の人々が、それぞれの理解にもとづいてアニマシオンの普及に努めていきました。次に、アニマシオンが日本でどのように行われるのか、その実際を見ていきましょう。

（5）読書へのアニマシオンの実例

ＮＰＯ法人日本アニマシオン協会に所属している鈴木淑博は、読書へのアニマシオンの流れと趣旨を次のように説明しています。

1 自然な読書の形で各自が読んでくる。

2 アニマドールの導きのもと集団でアニマシオンを経験する。（自分の読みを人から間違っているとか浅いとか言われることなく、リラックスしながら発言し、友達の発言を聞く。同じものを読んだという共通体験を味わう。）

3 各自の内面でその本への読み方が自然に変わってくる。（気付きを大切にする。）

4 次の個人的な読書の際に、少し注意深く読むようになっている。

5 次には前回とは違う作戦を経験することで、また違った角度からの読みを身につける。（頭の中に読書をするときの新しい回路が形成される。）

（『子どもと楽しく遊ぼう読書へのアニマシオン――おすすめ事例と指導のコツ――』黒木秀子・鈴木淑博、学事出版、二〇〇四年、一一一～一一二頁）

このような流れで行われる読書へのアニマシオンの実例を紹介しましょう。

登場人物になりきる　作戦34：彼を弁護します　対象：中学生高校生

1 実践のねらい

作品の登場人物は、時に対立し緊張感をはらみながら、筋が展開していくものです。そこで登場人物を弁護するということを通して、作者の考えに深く踏み込み、知的能力を伸ばすことをめあてにした作戦です。

ディベートやロールプレイに慣れていない子どもたちには難しい作戦ですが、心に触れる学び合いの場になります。ねらいは、次のとおりです。

・登場人物役はその人物になりきる。
・読者役は、批判力や解釈する力を養う。
・説得力ある表現力を鍛える。

2 用意するもの

■取り上げる作品：『沈黙』遠藤周作著（新潮文庫）

① 人数分の本
事前に渡して読んでこさせます。

② カード
数人の登場人物の名前を書いたカードと、「読者」と書いたカード。合わせて人数分。

③ 登場人物の名札

ひもをつけて、首から下げられるようにしたもの。

3 アニマシオンの展開

(1) やり方

① お互いに話がしやすいように、参加者をまるく座らせます。
② 読んできたことを確認します。本は見ながらでかまいません。
③ 『これから主な登場人物の役をしてもらう子と、読者の役割をしてもらう子を決めます』と言い、裏返しにしたカードを選ばせます。
④ 登場人物の役になった子たちと、読者になった子たちが向かい合うように席を移動します。
⑤ 登場人物には首からその名前を書いた名札を下げてもらい、自分がその人物が好きでも嫌いでも、小説の中でその人物がしたことのわけを説明するように話します。また、読者には、登場人物が小説の中でとった行動や態度について、「厳しめに」質問するように指示します。
⑥ 最初に登場人物から、自分はどういう人間で、どういうことをしてきたかを話してもらうと入りやすいです。そこにつなげて読者からの「つっこんだ」質問が出るといいでしょう。
⑦ アニマドールは、子どもたちに発言を促すとともに、秩序を保ち、子どもたちの受け答えをうまく交通整理することが求められます。アニマドール自らが語ってはいけません。
⑧ その役になりきって語ってくれる主人公の話を受け入れますが、本からだいぶ離れてしまっ

た場合は、本に戻るように声をかけます。

⑨　時間に応じて適当な所で、まとめをして終わりにします。

⑩　実際には各自の発言の内容によって、読解力や読みの深さはかなり明らかになるのですが、その場での評価はしません。

⑵　実践のポイント

どの作戦でも基本的にそうですが、特にこの作戦では、予読の段階で本をよく読んできていないと、内容に深く切り込んだ話になりません。アニマシオンの作戦をいろいろと経験して様々な本に親しんでいて、「読める」子どもたちに行うべき作戦です。

時間が十分あるようなら、リレー式にあらすじを確認しながら主な登場人物の確認をしてから作戦に入るといいでしょう。今までの経験では、それをした方が子どもたちの気持ちも作品に入っていく準備ができるようです。時間が限られている時は、すぐに入ります。

カードに取った人物は以下の通りです。

「ロドリゴー岡田三右衛門」「フェレイラー沢野忠庵」「ガルペ」「キチジロー」「井上筑後守」、そして小説中には直接出てこないが、対立的な議論に必要と思い「ローマの聖職者たち」も入れました。

以下は、実際のやりとりの一部です。

ローマの聖職者たち「とにかくどんなことがあろうと、フェレイラとロドリゴが転んだのはけしからん。」
ロドリゴ「穴吊りにされている可哀相な百姓を救うために転んだんです。」
フェレイラ「私も同じです。私は自分自身も穴吊りにされました。傷は今も残っています。」
読者A「ロドリゴさん、神は最後まで沈黙していたんですか。」
ロドリゴ「いいえ、神は私に転んでいいと言いました。」
読者B「本当ですか。」
ロドリゴ「私は今でもそう思っています。」
（『子どもと楽しく遊ぼう読書へのアニマシオン―おすすめ事例と指導のコツ―』黒木秀子・鈴木淑博、学事出版、二〇〇四年、一〇六〜一〇九頁）

（6）読書へのアニマシオンの意義

読書へのアニマシオンは、楽しさや活性化のもたらす生き生きとした活動のスタイルを取ります。それは、読書の本来の姿である、楽しいから読むという体験を味わわせることを目指しているからです。読書は強制されてするものではありません。本を読まない自由も実生活では当然あります。そのような状況の中、教育というある意味強制的な枠を離れて子どもたちを自主的に読書に向かう読書人へと導くための方法として、読書へのアニマシオンは魅力があるのです。

また、読書へのアニマシオンには、楽しい活動の中にも「読む力を引き出す」というしっかりとしたねらいがあります。読書へのアニマシオンを「読み聞かせ」と比べてみると、「読み聞かせ」が読み手の声や表情で作品の世界に一人ひとりが浸っていくという、読み手の自由に任せられた楽しみ方であるのに対して、読書へのアニマシオンは楽しみながらもアニマドールの働きかけによって読む力を育てていく活動です。というのも、読書へのアニマシオンでは、アニマドールの問いかけや、読み浸る静かな時間作りによって、注意深く読み、イメージを作り、考え、判断し、批判したり主張する表現活動が仕組まれるからです。

ですから、読書へのアニマシオンではアニマドールの手腕が問われます。アニマドールは読書へのアニマシオンの本質的なねらいをよく理解し、どんな読みの力をつけるための活動にするのかをしっかりと見据え、そのために適した選書ができる人でなくてはなりません。

さらに、読書へのアニマシオンでは、同じ本を読んで集まった仲間の意見に耳をかたむけるうちに新たな考えが生まれたり、仲間と相談する活動の中で自分の解釈がはっきりとしていく過程を体験させることができます。読書はひとりでしても楽しいですが、人と一緒に読みあうことの楽しさも体験させることができるのです。

読書へのアニマシオンは、推進と発展に向けて意欲的に研鑽を積んでいる日本の人々によって、今後も日本独自のスタイルを構築しつつ開発されていくことでしょう。日本では、これまでにＮＰＯ法人日本アニマシオン協会、学び探偵団アニマシオンクラブなどが設立され、読書へのアニマシオンに魅力と共感を覚えた人々が、モンセラット・サルトの開発した作戦を追試し、普及と錬成に努めています。例えば、日本アニマシオン協会ではアニマシオンの理念と方法を次のように受け止め、説明しています。

1．本が読めない子、本に背を向けた子のための読書教育法。
2．幼児期から10代後半まで、計画的・継続的に実施することで効果が見られる。
3．みんなで同じ1冊の本を読み（グループ読書）、読み終わった本で「作戦」を行う。
4．指導者は読み方を教えるのではなく、子どもの読む力を引き出すことに徹する。
5．「作戦」には読む力を育てる「ねらい」があり、1回に本1冊で「作戦」を一つ行う。そして次回（別の本で別の作戦）へつなげる。
6．子どもを読書する人生に送り出すのが目的。（http://www.animacion.jp/dokusyo.html）

アニマシオンを実施するにあたっては、社会教育的な観点から読書推進活動の一環として行うのか、それとも読書教育の方法として特定の集団に対して継続的系統的な学習活動として実施するのか、それによって内容やスタイルも異なってきます。前者の場合、地域の公共図書館や学校の課外活動の場で司書や研修を積んだ人が実施する活動となるでしょう。後者の場合は、学校の司書や教師が学級や学校図書館で継続的に行うものになると考えられます。
読書へのアニマシオンに取り組むに際しては、アニマシオンの持つ本質的な理念をよく理解し、後者（学校の中で行う読書指導としてのアニマシオン）の場合は、楽しい活動のスタイルが単なる遊びではなく自主的な自由読書へ導くためのものであること、そして、読む力をつけるのだという根幹にある目的を忘れないで取り組むことが大切でしょう。

引用・参考文献
『ゆとり・楽しみ・アニマシオン―「子どもの権利条約」をスペインで考えた―』増山均、旬報社、一九九四年
『読書へのアニマシオン―75の作戦―』M・M・サルト著、宇野和美訳、柏書房、二〇〇一年
『読書へのアニマシオン入門―子どもの「読む力」を引き出す：どんな子どもにも「読む力」がある―』有元秀文、学習研究社、二〇〇二年
『はじめてのアニマシオン―1冊の本が宝島―』岩辺泰吏・まなび探偵団アニマシオンクラブ、柏書房、二〇〇三年
「スペインにおける「読書へのアニマシオン」の源流と拡大状況」足立幸子、『山形大学紀要（教育科学）』13⑶、二〇〇四年
『子どもが必ず本好きになる16の方法・実践アニマシオン』有元秀文、合同出版、二〇〇六年
『子どもと楽しく遊ぼう読書へのアニマシオン―おすすめ事例と指導のコツ―』黒木秀子・鈴木淑博、学事出版、二〇〇四年
『アニマトゥール―フランスの社会教育・生涯学習の担い手たち―』ジュヌヴィエーヴ・プジョル、ジャン＝マ

リー・ミニヨン著、岩橋恵子監訳、明石書店、二〇〇七年
「海外における読書指導の理論的背景―スペイン「読書へのアニマシオン」を事例として―」足立幸子、『新潟大学　教育学部研究紀要　人文・社会科学編』一巻二号、二〇〇九年
『フランスの公共図書館60のアニマシオン―子どもたちと拓く読書の世界―』ドミニク・アラミシェル著、辻由美訳、教育史料出版会、二〇一〇年

4　読むという体験にひたらせる―黙読の時間―

余郷裕次

（1）「黙読の時間」とは何か

「黙読の時間」（SSR／Sustained Silent Reading：サステインド・サイレント・リーディング）について、ジム・トレリースは、その著『読み聞かせ―この素晴らしい世界―』（亀井よし子訳、高文研、一九八七年）の中で、「もともと一九六〇年代初頭にバーモント大学のライマン・C・ハント・ジュニアが提唱したこの「黙読の時間」は、読書問題専門家のロバート・マクラッケン、マーリーン・マクラッケン夫妻から絶大な支持を受けている。」（二六〇～二六一頁）と紹介し、その手順を次のように示しています。

⑴　一、定、の、時間だけ、読ませること。教師や親はそれぞれのクラスや家庭に「黙読の時間」を導

入し、子供の熟達に応じて調整すること。教室の場合は、一〇分ないし一五分が望ましい。
(2) 読むための素材は子供自身に選ばせること（本、雑誌、新聞など）。その時間内は、ほかの読み物と取り替えないこと。素材はすべて事前に選んでおくこと。
(3) 教師や親も、読むことで手本を示すこと。これは何よりも大切なことである。
(4) 感想文や記録のたぐいはいっさい求めない。（同上書、二六一頁）

この手順を見る限り、何も指導しない何も教えない、およそ教育的な行為とは考えがたいものに思われます。ジム・トレリースが「読み聞かせ」を提唱する自身の著書の最終章に、あえて「Ⅶ「黙読の時間」のすすめ」を置いた理由は、その章の扉の裏に引用されたジェイムズ・ハーンドン（『祖国でどう生きのびるか』）のことばが物語っています。

さまざまなテスト、教授法、クラス構成、そして教師の押しつけ教育……等々のせいで、誰も学校で本なんてものを読もうとはしなかった。いつも、読めるようになるところまでは練習してきたが、その練習はくだらないことこの上なく、あるいは難しく、あるいはとても退屈だったため、本を読むなんてことは、くだらなくて難しくて退屈だと思いがちだったし、できることならやりたくない、ご免こうむりたいと思いがちであった。（同上書、二五六頁）

ジム・トレリースにとって、「黙読の時間」は「読み聞かせ」と並んで、従来の読むことの教育や読書教育を改革する切り札だったのです。

従来の読むことの教育や読書教育の効果に懐疑的なジム・トレリースは、「黙読の時間」の現状について、次のように嘆いています。

「黙読の時間」のアイデアは、ごく常識的なものであるが、あまりにも単純で当たり前すぎるために、今日の複雑な教育計画の中ではかえって見逃されている。事実、わが国の学校の九九パーセント（家庭では一〇〇パーセント近く）が「黙読の時間」のことなど耳にしたこともないか、あるいはそのための時間をさくことができないという悲しむべき状況にある。（同上書、二五九頁）

ジム・トレリースが『読み聞かせ―この素晴らしい世界―』の最終章を「読み聞かせ」ではなく「黙読の時間」で締めくくっていることには、先にも指摘したように一見矛盾を感じます。ジム・トレリースがあえて「黙読の時間」の効用を述べることで筆を擱いているのは、次のような彼自身の体験によるのです。

マサチューセッツ州スプリングフィールドのブラントン・スクールで、小学校四年生の児童を相手に、自分の仕事についての話を終えたあと、私は子供たちにいつものように、

「最近みんなは、どんな本を読んだかな」

という質問をしようかどうか、迷っていた。というのは、その一週間前に、同じ町のある小学校で六年生を相手に同じ質問をしたときに、あまりの反応のなさにがっかりさせられていたからである。どんなものでもいいから、最近読んだものを教えてくれといっても、それを思い出せる子は、わずか四人しかいなかったのだ。私は、そのクラスの子供たちに、受け持ちの教師に、その背後にある教育制度に、そしてその町に、ひどく困惑させられた。このブラントン・スクールでも、またあのときのようにがっかりさせられるのではないか、そう思いながら、それでもとにかく尋ねてみることにした。

ところが、そのときの四年生の反応は、実にすばらしかったのだ。四五分間にわたって、子供たちはそれこそほとばしるように、自分たちが読んだ本の名前を挙げてくれたのである。彼らの熱気と興奮が、教室内にあふれ、私が口をさしはさむ余地さえないほどだった。

帰り際、私は受け持ちのテリ・カリナン先生に尋ねた。

「あなたは、あの子供たちにどういうことをなさったのですか？　これほど本に興奮する子供を見たのは、何年か振りのことですよ」

すると、カリナン先生はこう答えた。

「していることは、二つです。この学校では、私だけでなくほかの全部の先生方が、読み聞かせを日課にしているということ。そしてもう一つはＳＳＲです」

ＳＳＲとは、サステインド・サイレント・リーディング、すなわち「黙読の時間」の略である。
（訳註――ＳＳＲは直訳は「持続的黙読」となるが、本書ではその意味をとって「黙読の時間」とした。）
（同上書、二五七～二五八頁）

ジム・トレリースにとって、読書への欲求を育てるために「読み聞かせ」が有効であるという確信は揺らぐことがありません。しかし、同時に「黙読の時間」のめざましい効果も認めざるを得なかったのでしょう。それどころか、自身の「読み聞かせ」に関する著書で「黙読の時間」を読書教育の有力な手段として宣伝しようとしているのです。

では、「黙読の時間」は、いかにして子どもたちが「読者」となるのを励ますのでしょうか。「黙読の時間」について、その働きかけのあり方を先に引用した（1）～（4）について順に見ていくことにします。

> (1)　一定の時間だけ、読ませること。教師や親はそれぞれのクラスや家庭に「黙読の時間」を導入し、子供の熟達に応じて調整すること。教室の場合は、一〇分ないし一五分が望ましい。

子どもたちを「読者」にするには、読書の習慣を身につけさせることが重要です。大村はまは、戦前東京府立第八高等女学校時代、生徒たちに一日一〇分間の読書を勧めていました。当時の大村の教え子の一人は、そのことを次のように振り返っている。

毎日の十分間読書を奨めてくださったこと、一行でもよいから欠かさず日記をつけるように諭されたことなど、実行し易い形でやさしく教えられましたのに、今考えますと、一生懸命やったつもりでいても真剣さがたりず満足に実行できていない自分自身が惜しまれてなりません。

（『大村はま先生に学びて』広島大学教育学部国語教育研究室編、一九六六年、九九頁）

子どもたちを「読者」に育てるためには、読書を習慣化することこそ王道なのでしょう。大村はまが、戦前から一日一〇分間の読書を勧めていたことは、「黙読の時間」の発想全てが、アメリカからの受け売りのものでないことを物語っています。

さて、一定の時間の読書はいかなる効果を発揮するのでしょうか。川島隆太の認知症に関する実験データに興味深いものがあります。

二〇〇一年九月から、福岡県の老人介護施設の協力を得て、七七歳から九八歳までの高齢者四四人を二つのグループに分け、それぞれ異なったプログラムで「読み・書き・計算」の学習をしてもらった。

●Aグループ　小学校低学年レベルのドリルを毎日二〇分間（国語＝童話の読み書き一〇分、算数一〇分）学習
●Bグループ　Aグループと同じ内容のものを週二回学習

三ヵ月後、全員に前頭葉の機能を調べる検査をしてみると、全体の七割に機能向上が見られた。また、痴呆の度合いを見るテストでも点数が向上した。おむつが不要になったり、家族とのコミュニケーションが以前より図れるなど、症状の改善が見られたのである。

痴呆症においては、精神機能が下がることはあっても、上がることは絶対にないと考えられていた。現状より悪くしないことが、医学の目標だった。

ところが、簡単な方法で、右肩上がりにできるという証拠がかなり固まってきたのだから、その意味は大きい。

さらにつけ加えると、毎日学習するグループは六ヵ月後も伸びていたが、週二回のグループは三ヵ月は伸びたものの、あとは横ばいだった。（川島隆太『「音読」すれば頭がよくなる―一日二〇分！　能力はここまでアップする―』たちばな出版、二〇〇三年、四三～四五頁）

一定時間のまさに単純なドリル学習が、医学の常識を覆すような驚異的な効果を発揮したというのです。しかも、毎日二〇分間のグループが、週二回のグループとは違い、六ヵ月後も伸び続けたこと

は注目に値します。このデータは、「黙読の時間」の提案する継続的な一定時間の黙読が、単純なものであるにもかかわらず、脳のネットワーク形成に良い影響を及ぼし、子どもたちに読書の習慣を身につけさせる効果を期待させます。

(2) 読むための素材は子供自身に選ばせること（本、雑誌、新聞など）。その時間内は、ほかの読み物と取り替えないこと。素材はすべて事前に選んでおくこと。

ジム・トレリースは、「黙読の時間」の特徴について次のように指摘しています。

「黙読の時間」は、授業という固苦しい形をとらずに読む技能をみがく機会になるばかりでなく、子供たちに読書についての新しい見方、つまり読書はレクリエーションだ、という見方をもたらす。いまはそれが、何よりも求められているような気がする。

（前掲『読み聞かせ―この素晴らしい世界―』二六一頁）

「レクリエーション」、つまり子どもたちにとって、楽しみとしての読書が、今最も必要だというのです。子どもたちを読書の楽しみに目覚めさせ、読書したいという欲求を起こさせるための仕掛けが「子供自身に選ばせること」なのでしょう。

また、「その時間内は、ほかの読み物と取り替えないこと」とあることこそ、読書という楽しみにひたらせるための仕掛けだと考えます。

(3)　教師や親も、読むことで手本を示すこと。これは何よりも大切なことである。

ジム・トレリースは、『読み聞かせ―この素晴らしい世界―』の「Ⅶ「黙読の時間」のすすめ」「最も効果的な学校ぐるみ「黙読の時間」」の項において、次のように述べています。

> マクラッケン夫妻の広範な「黙読の時間」調査は、「黙読の時間」プログラムが最大の成果を生むのは、学校ぐるみで取り組んだ場合であることを、決定的に物語っている。
>
> （同上書、二六四頁）

もちろん、学校においても家庭においても、「黙読の時間」を導入しようとすれば「強制」の形をとらざるを得ません。「強制」は、子どもたちが最も嫌うものの一つでしょう。その「強制」を子どもたちに受け入れてもらう仕掛けが、「教師や親も」であると考えます。

もし、学校で、一人の子どもだけが「黙読の時間」を「強制」されたとしたら、それは一種の罰と認識されるかも知れません。実際、問題を起こした児童・生徒にだけ読書を「強制」し、感想文を書かせるということが行われてきました。そのことの生徒指導上の効果を全て否定しようとは思いませんが、子どもの心は、読書の「楽しみ」よりも、読書は「罰」との思いに占められるでしょう。

しかし、クラスや学年、学校の児童・生徒全員が「黙読の時間」を「強制」されたらどうでしょうか。もちろん「強制」は嫌なものに違いありません。例えば、トイレ掃除にしても、罰として一人に「強制」されれば、反省を促す辛いだけの作業になるかも知れません。それが、「強制」であったとしても全員に課された場合はどうでしょうか。全員に課されたものであれば、「強制」の辛さは和らぐのではないでしょうか。まして、先生も率先してトイレ掃除に加わるなら、トイレ掃除は、「強制」ではなく崇高な人間教育の場になるかも知れないのです。芦田恵之助が引用する道元のことばに「以絆為道心」（絆をもって道心をなす。）というものがあります。たとえ「強制」の形をとっても、みんなで取り組めば、それが豊かな人間教育の場になるということでしょう。

> それからまた、先生（引用者注：大村はまのこと）は、私どもといっしょに、お掃除までなさいました。木綿のモンペに襷がけで一生懸命床の雑巾がけをしてくださいました。あの尊いお姿が、今でも見えるようでございます。恐縮した私どもが見かねてやめていただくように申し上げましても、最後までお手伝いくださいました。（前掲『大村はま先生に学びて』八八頁）

家庭でも、保護者が「読書しなさい」と強制するよりも、保護者も子どもとともに読むことが効果的であろうことは想像に難くありません。

ジム・トレリースも、教師が一緒に読む意義を次のように指摘しています。

マクラッケン夫妻の報告によれば、「黙読の時間」がうまくいかなかったところでは、ほとんどの場合、教師が自分は読まずに監督をしていた、という。ほかに、「黙読の時間」のための素材になる読み物が十分ではなかったという例もあった。

（前掲『読み聞かせ―この素晴らしい世界―』二六五頁）

(4)　感想文や記録のたぐいはいっさい求めない。

この原則は、まさに先にも引用したように「子供たちに読書についての新しい見方、つまり読書はレクリエーションだ、という見方をもたらす。」（同上書、二六一頁）ためのものと考えます。

例えば、映画を鑑賞した後、映画館の出口で八〇〇字の感想文を書くことが「強制」されたとしたらどうでしょうか。映画を楽しめなくなり、映画というレクリエーションは成立しなくなるのではないでしょうか。子どもたちに、三〇分のテレビアニメ番組の視聴後、四〇〇字の感想文を「強制」すれば、子どもたちは、テレビアニメから逃走するかも知れません。

読書の感想文がいかに多くの子どもたちから楽しみとしての読書を奪ってきたか。楽しみとしての読むという体験にひたらせるために、「黙読の時間」に関する感想文や記録を書くように強制することは厳に慎むべきなのです。

（2）「朝の読書」の運動

日本で「黙読の時間」が国民運動と言えるような広がりを見せ、成果をあげる魁となったのは、船橋学園女子高等学校（現東葉高等学校）の「朝の読書」（船橋学園読書教育研究会編著『朝の読書が奇跡を生んだ―毎朝10分、本を読んだ女子高生たち―』高文研、一九九三年）の実践です。

朝、八時三五分のチャイムが鳴ると、クラス担当の教師たちはいっせいに職員室を出て、それぞれの教室に向かう。出席簿を手にしている姿は他の学校と変わりはないが、一つだけこの学校の教師たちが違っているのは、それぞれの手に、自分の好きな本を一冊抱えていることである。生徒たちといっしょに、朝の「読書の時間」に読む本である。（同上書、一九頁）

「朝の読書」の提唱者である林公と『読み聞かせ―この素晴らしい世界―』との出会いについては、次のように記されています。

一九八七年一二月、この本が高文研から出版されると、すぐに入手した。しかし、忙しい年末のことである。本は、表紙さえめくられることなく、A先生の机の上で年を越す。

ところが、年が明けた一九八八年一月一七日（A先生は、その日にちまで、ハッキリ覚えている）、探し物をするため、机の上を整理していたさい、書類の山に埋もれていたその本を見つける。そしてその夜、魅入られたように、三百ページ近いその本を明け方までかかって、一気に読み切ってしまった。その本は、「建国以来の教育危機」といわれるアメリカで、子どもたちの真の学力を高めるために、本好きの子どもたちを育てることがいかに大切かを語り、その導入としての「読み聞かせ」の素晴らしさを説いてベストセラーになった本の邦訳であった。

読み終わると、A先生はまだ薄暗い中、支度もそこそこに車で学校に向かった。学校に着くと、まっすぐコピー機のところへ行き、他の先生が登校してくるまでに、この本の最終章にあたる「黙読の時間」の章をコピーし、ホッチキスで綴じた。そして、まだ誰もいない職員室の全員の机の上にそれを置いて回った。その間、心の中では「これだ！」「この『黙読の時間』を何がなんでもこの学校で実現したい！」とつぶやいていた。（同上書、五一～五二頁）

A先生こと林公は、その日のことをこう回想しています。

「目からうろこが落ちる思いというのは、ああいう時のことを言うんですかね。いろいろな本を読み、全国の先生方の実践記録などにも目を通してきて、自分自身もいろんな試みを繰り返してきたのですが、まさか一つの学校で、しかも全校生徒、全教師がそろって同じ時間にいっせいに本を読むなんて、それまで聞いたこともなかったし、頭のすみっこにだって思い浮かんだこともなかった。でも、読んだ瞬間、ひらめきというか、何というか、これだ！　と思いました。しかも、私は同時に『うちでは毎日がいい！　それも朝のホームルームだ！』と思ったんです。」

（同上書、五三頁）

このようにして、日本版の「黙読の時間」である「朝の読書」が産声をあげたのです。激論を重ね、「朝の読書」は、一九八八年四月から、本格的にスタートしました。

日本版「黙読の時間」である「朝の読書」について、林公は、「朝の読書」の四原則として、「①みんなでやる②毎日やる③好きな本でよい④ただ読むだけ」と紹介し、次のように述べています。

①みんなでやる――全校一斉に生徒も教師もみんな読書する

全校一斉に行うという点については、これは、学校教育においては生徒全員に対し教師全員で責任を持つ、しかも生徒全員に対し公平に責任を持つ、という考えに基づいているとともに、その実際上の運営としてはみんなで助け合うという重要な要素を内包しています。

その上この方法は、現在の学校というシステムの中でも可能であるばかりか、他のどこで行うよりも学校で行うのが最も取り組みやすく、かつ最も効果のある方法です。何よりも学校全体で取り組んでいることが、一人ひとりの生徒に対しても大きな影響力を及ぼします。一人では絶対に本を読まない子まで、確実に読むようになるのです。（『子どもの学ぶ力を伸ばす「朝の読書」―自ら考え、自ら学ぶ意欲を育てる―』メディアパル、二〇〇六年、一二頁）

これは、「黙読の時間」の「(3)　教師や親も、読むことで手本を示すこと。これは何よりも大切なことである。」に対応する原則です。「何よりも大切なこと」を原則の①に位置づけたのです。

②毎日やる――たとえ一〇分間でも毎日続ける

これには、実は生徒全員に「生きる力」を身につけてほしいという教師としての根本的な願いが込められています。（同上書、一三頁）

「黙読の時間」の「(1)　一定の時間だけ、読ませること。教師や親はそれぞれのクラスや家庭に「黙読の時間」を導入し、子供の熟達に応じて調整すること。教室の場合は、一〇分ないし一五分が望ましい。」に対応する原則です。「うちでは毎日がいい！　それも朝のホームルームだ！」という「朝の読書」にしたのは、林公のアイディアによるものです。

③好きな本でよい――できることから始めよう

読む本は何でもいい、自分の読みたい好きな本でいいということです。これには生徒一人一人がしっかり自分を見つめ直してほしい、本当の自分を発見してほしい、自分の隠れた能力や可能性に気づいてほしい、といった願いが込められています。（同上書、一三頁）

「黙読の時間」の「(2) 読むための素材は子供自身に選ばせること（本、雑誌、新聞など）。その時間内は、ほかの読み物と取り替えないこと。素材はすべて事前に選んでおくこと。」に対応する原則です。

④ただ読むだけ――たった一〇分間、読む力をつけるのに集中

この実践で私たちが生徒に要求することは、ただ本を読むことだけです。感想文とか記録の類のようなものも一切求めません。自分の好きな本をただ読むことだけに集中させます。

（同上書、一四頁）

「黙読の時間」の「(4) 感想文や記録のたぐいはいっさい求めない。」に対応する原則です。以上、日本版の「黙読の時間」である「朝の読書」の原則は、順序の違いはあっても「黙読の時間」の原則に従ったものであると言えます。

では、「朝の読書」は、どのような成果をあげたのでしょうか。『朝の読書が奇跡を生んだ―毎朝10分、本を読んだ女子高生たち―』には、「朝の読書」が産声をあげた船橋学園女子高等学校（現東葉高等学校）三年一組生徒全員の「朝の読書」の感想が、ごく一部誤字の訂正が加えられているだけでそのまま掲載されています。そこには、「朝の読書」の効果が赤裸々に語られています。四五人の感想から一つ引用してみます。

この学校に入学して、初めて朝の読書の時間を経験しました。初めは、なんか変わっている学校だと思いました。それは小学校・中学校とで、そのような時間がなかったからだと思います。それに私は、小学校の頃から読書するのが嫌いで、中学校に入った頃からマンガ本は読むようになりましたが、でも読書するのが好きになったわけではありませんでした。そして、この学校に入学して、毎朝本を読むようになり、本を読むことはおもしろいことだなと思うようになりました。

一回読み終わった本を、また何カ月後かに読むと、一回目とは違った感想や、新しい発見があったりする。それに、何度も何度も読んでいると作者の気持ちが伝わってきたり、自分がその本の中の主人公になったりする。小学校、中学校では何ひとつ考えないで本を読んでいたと思います。だから、本を読むことが嫌いだったのではないかと思います。

あの頃は、本なんてつまらないとか、本は嫌い、読みたくないという思いを自分勝手につくり、頭のすみの方に入れてしまったのだと思います。今では自分勝手につくり出した思いは、ほとんど消えました。

小学生のときは、図書室へよく行っていましたが、本を借りて読むということはほとんどありませんでした。中学生のときは図書室へ行ったのは、委員会の集まりや、ビデオを見るときだけでした。高校生になってからも中学生と同様ですが、高校生になってからはクラスに本が置かれているので、少し読むようになりました。

三年間、読書の時間をやって、私は、少し成長したかなと思いました。今まで本を読むことが嫌いだったのに、一年生の頃は、強制的に読まされていたけれど、学年が上がるにつれ、強制的だという気持ちが薄れてきました。それに言葉の使い方、漢字など、本を読んで学びました。今までの本の中で私は『モモ』が、一番自分を変えたのではないかなと思います。『モモ』を読んで、時間のことを考えるようになったと思います。以前は、時間などあまり気にしていなかったけれど、これからも本を読み続け、本からいろいろなことを学びたいと思います。

（同上書、一四〇～一四一頁）

「一回読み終わった本を、また何カ月後かに読むと、一回目とは違った感想や、新しい発見があったりする。それに、何度も何度も読んでいると作者の気持ちが伝わってきたり、自分がその本の中の主人公になったりする。」という記述は、「朝の読書」によって著者の言葉と読者との間に「生きた回路」が生まれたことを物語っています。

また、読書の習慣が形成されたこと、「本を読むことはおもしろいことだ」という経験が語られているのです。そうした成功には、全員が「強制的に読まされていた」ことや環境の整備「クラスに本が置かれている」ことが、生徒自身によって語られています。

林公先生と大塚笑子先生とは、「朝の読書」の試みを全国に広めるために、「朝の読書」の原則を記したハガキを出しました。当時、そのハガキは四万枚を超えたといいます。しかし、反応は全くなかったそうです。しかし、その後テレビや新聞のメディアに取り上げられ、大きな反響を呼ぶようになったのです。さらに、「朝の読書」の取り組みは、二〇〇一年文部科学省の「21世紀教育新生プラン」に取り上げられ、各学校での取り組みが奨励されるようになって一気に広まりました。現在では、二万校を超える学校において「朝の読書」が実践されています。

（3）「黙読の時間」と「音読」

ダニエル・ペナックは、その著書『奔放な読書―本嫌いのための新読書術―』（浜名優美・木村宣子・浜名エレーヌ訳、藤原書店、一九九三年）の中で、「読者の権利10ヵ条（あるいは読者が絶対に持っている権利）」の9ヵ条に次のように記しています。

わたしは妻に質問した。

――子どものころ、物語を朗読してもらったかい?

彼女がわたしに答える。

――いいえ、全然。父はしょっちゅう出張だったし、母は忙しすぎたから。

わたしが彼女にたずねる。

――じゃあ聞くけど、どうして声を出して本を読むのが好きになったの?

彼女がわたしに答える。

――学校で。

学校の功績を認めてくれる発言を聞いてうれしくなったわたしは叫んだ。

――ほらね!

彼女は言った。

――そんなんじゃないわ。学校では声を出して本を読むことは禁止されていたのよ。当時、本は絶対に黙読するものと考えられていたから。眼から脳へ直接。瞬間転写。速さと能率。十行毎に行われる理解度テストがあった。分析と解釈崇拝ね、最初から! たいていの子どもはびくびくしていたけれど、それも最初だけ! わたしの答えは全部正解だった。でも、わたしは家に帰ると、声に出して全部読み直していたの。

――どうしてそんなことを?

――感動のため。発音された言葉がわたしの外で存在し始めて、本当に生きていたの。それに、それは一種の愛の行為に思えたわ。いえ、愛そのものね。本への愛が、愛そのものを経験する、いつもそんな気がしたの。わたしは人形をいくつか自分の代わりにベッドに寝かせて、本を読んであげたものだった。人形の足元の絨毯の上で寝てしまうこともあったわ。（一九六～一九七頁）

「黙読の時間」と「読み聞かせ」とは、ジム・トレリースが希求したように、子どもたちが「読者」となることを励ます仕掛けの両輪とならなければならないと考えます。また、読書という体験にひたり、本と出会う「喜びのおとずれ」を経験させるには「黙読」と「音読」とが読書教育においてバランスよく準備されることが大切でしょう。ただ、「黙読の時間」が、読書教育の有効な働きかけの一つであることは間違いありません。

参考文献（本文に記した以外のもの）
朝の読書推進協議会編『「朝の読書」はもうひとつの学校―子どもたちと歩んだ17年の軌跡―』メディアパル、二〇〇五年

5　読書感想をひらく

山元隆春

（1）読書感想のむずかしさ

これまで多くの人が読書感想文を書くことに疑問を感じてきたのではないでしょうか。おそらく、夏休みの前に宿題として課せられ、夏休みが終わったころに提出し、書き直しを求められて、その上で賞をもらったという読者も少なくないでしょう。読書をすることと感想文を書くこととのあいだにどのような必然的なつながりがあるのかということに、根本的な疑問を抱いている人も少なくないはずです。この章では読書感想文の問題も含めて読書感想をどのように扱うのかということを考えたいと思います。

上條晴夫は読書感想文のむずかしさについて、次のように述べています。

読書感想文が読書嫌いをつくるかどうか。
端的に言って、その可能性は非常に高いといえる。
なぜならば、読書感想文というのは、非常に高度な技術を要する作文だからである。
子どもの本の作家の安房直子氏は次のように言う。

> 感想文は、本なり、映画なり、芝居なりについて、それらをまだ知らない人にどういうものであったかを説明しながら、さらに自分の感想も加えるものです。書き手は作品の内容を正しく伝える第三者の目と、自分にしかわからない感想を述べる一人称の心の両方をもって、使いこなさなければなりません。文章としてはいちばんむずかしい種類のものですから、小・中学生に好かれるわけがないのです。（「児童心理」91・10）

学校の授業の中でまともに読書感想文を教えた実践事例はごく少ししかない。書けない感想文とセットの読書が嫌われるのは仕方ないことだろう。

（上條晴夫『子どもを本好きにする読書指導50のコツ』学事出版、一九九六年、一二二〜一二三頁）

右に上條が引用しているのは、『きつねの窓』の作者である安房直子の晩年の発言です。安房の言うように、読書感想文というものは、実は「文章としてはいちばんむずかしい種類のもの」です。これは、安房でなくても、読者の皆さんがこれまでに実感してきたことなのではないでしょうか。

そもそも、読書感想文の延長線上にあるのは「書評」や「評論」あるいは良質の「エッセイ」なのです。確かに、子どもの書いた感想文を集めた「読書感想文集」のなかにはそのようなものも少なくありませんし、『これから出る本』（日本書籍出版協会）の巻末にある大人の読書感想文などは、選ばれたものということもあるでしょうが、読ませる文章となり得ています。あるいは、少し古い本になりますが、『活字のサーカス―面白本大追跡―』（椎名誠、岩波新書、一九八七年）や『活字たんけん隊―めざせ、面白本の大海―』（同、岩波新書、二〇一〇年）、『本をつんだ小舟』（宮本輝、文春文庫、一九九五年）など作家の読書録とでも言える文章は、良質の図書紹介であると同時に、良質のエッセイとなり得ているのです。それはそれで、よいでしょう。否定する理由を探すことの方がむずかしいことです。しかし、問題なのは、そのような文章の記述をすべての子どもに求めるかどうか、ということなのです。作家の清水義範はその『清水義範の作文教室』（ハヤカワ文庫、一九九九年）の第五講に付された「読書感想文の愚」という小文のなかで、読書感想文の弊害を力説していますが、清水の述べていることを裏返せば、書き方も教えないで子どもたちに、大人でも書くことのむずかしい読書感想文を求めることへの反省を、大人たちに促そうとしてのことでありました（もっとも、清水の本は作文についての本なので、そういう読書感想文を強いて書かせることが子どもの文章を「ヘタ」にしてしまうことに彼の矛先は向かっています）。

（2）読書感想とは何か

では、読書感想とは何なのでしょうか。ここでは仮に、次のように定義づけてみました。

○図書を読んだ読者が、心のなかに抱いた思いや感情。本を読んでいるあいだに、あるいは本を読んだあとに読者の心のなかにあるもの。

これはけっして特異な考えではないでしょうし、私のオリジナルな考えでもありません。むしろ、ごく一般的な定義の仕方です。ところが、問題なのはそのような読者の「思いや感情」あるいは「心のなかにあるもの」を強いて言語化させていく必要がどこまであるのかということです。読書感想はさまざまだと思われるのですが、読んだ人の心のなかには何かが生まれるはずです。あるいは、本についてのまとまった文章を書くことを常に求めることはむずかしいことだとしても、読書感想を持つことができるようにするということなら、それは私たちが読書教育のなかで取り組んでもよいことなのではないでしょうか。もしくは読書感想を表現する手立てや、それを用いて人と感想を分かち合う手立てがあるというなら、それを子どもに伝えていくことは意味のあることなのです。

もちろん、アーシュラ・K・ル＝グウィンが『いまファンタジーにできること』（谷垣暁美訳、河出書房新社、二〇一一年）で述べているように、読書のあいだに読者の心に起こることと、それを読書後に言葉にしたこととは同じことではありません。むしろ読書にとって大切なのは、心に起こる出来事の方であって、それを言葉にしたものはあくまでも二次的なものでしかない、ということを忘れないようにすることが重要です。しかし、読書のあいだに心に起こったことを言葉にして伝え合うことで、実は読書のあいだに心に起こったことを振り返り、意味づけることはできます。それが「再読」ということなのでしょうが、読書感想を言葉にすることはその「再読」の過程での発見につながっていくはずです。

（3）　読書感想を考える前に

このようなことは、これまでの読書教育のなかでどのように扱われてきたのでしょうか。右に述べたことを考えていくためには、読書感想文のみならず読書指導・読書教育に対する考え方を何らかのかたちで修正・更新していく必要があるはずです。少なくとも、

○作品としてまとめることだけを最終的な目的としない
○書くために読むのではない、ということを意識した指導を図る
○感想を読みあったり、感想を語るための語彙を増やす工夫をする

といったことを考えていくことは必要なことでしょう。ある一つのまとまった読書感想文を、とにか

くなんとしてでも書かせるというのではなくて、読書感想文を書くということを契機にして、各々の読者が自らの心に抱いた感想や思いを文章というかたちにしたり、ひとの感想や思いを知って自分の抱いたことを相対化していったりするということを中心にした活動を営んでいくということが求められているのです。

（4）読書感想を言葉にするためのいくつかの着眼点

読書感想文を書くといっても、たった一つのパターンだけがあるというわけではありません。文章形式としてはたとえば「あらすじ」をまとめてそのあとに「考えたこと」を書いてまとめる、というふうなものを書いてきた覚えのある読者もいるでしょう。しかし、そのようなパターンをいかに突き崩していくかということが、読書感想文を書くという営みを、子どもにとって少しでも「おもしろい」ものにしていくことになるはずです。そのためにはどのようなことが必要になってくるのでしょうか。水野寿美子はそのすぐれた読書教育書である『本の森の案内人—子どもの読書とのかかわり—』で、次の五つの点を指摘しています（水野寿美子『本の森の案内人—子どもの読書とのかかわり—』国土社、一九九三年）。

① 作品を多面的な視点からとらえさせるようにする。

②　過去の経験から得たものを、作品と関連づけながら感想の中に挿入していくようにする。
③　その本だけの感想に留まらず、同一作者の作品や、同じようなテーマを持った他の作品との比較などを入れて、内容に変化と興味を持たせるようにする。
④　書き出しと結びを工夫する。
⑤　絵本の場合はもっと丹念に絵を読み、絵から受ける感動を自由に、文章に対するのと同じ比重をもって書く。

水野の指摘する五つの観点は重要なもので、水野自身もくわしく考察していますが、ここではそれを踏まえた上で、少し例を挙げながら考えてみましょう。

①　作品を多面的な視点からとらえさせるようにする。

たとえば太宰治の『走れメロス』を、メロスの視点からだけでなく、セリヌンティウスや「暴君」ディオニス、メロスの妹、シラクスの民衆、といった他の登場人物の視点や立場から捉えてみると、メロス中心に読んでいたときとは違った、この作品の新たな面が読者の前にあらわれてきます。異なった立場から中心人物を眺めてみると、その人物が多面的に見えてくるというわけです。メロスがけっして完全無欠な勇者ではなくて、かなり人間くさい人物であるということや、あるいは、この話を王の変化を喜ぶ民衆の話であると捉えることもできるでしょう。また、『走れメロス』ではほんの少ししか登場しない、メロスの妹の婿の視点からこの話を語り直すとすれば、もとの話とはずいぶん雰囲気の異なるものになることでしょう。

② 過去の経験から得たものを、作品と関連づけながら感想の中に挿入していくようにする。

ハンス・ウィルヘルムの『ずーっと　ずっと　だいすきだよ』（久山太市訳、評論社、一九八八年）を読んで得た感想のなかに、身近な小動物を飼って、その死に立ち会ったときに覚えた思いが含まれることは少なくないでしょうし、そうすれば、作品内容の切実な受け止めが可能になるでしょう。少なくとも、本の内容をゆたかに肉付けして捉えることにつながると思われます。

③ その本だけの感想に留まらず、同一作者の作品や、同じようなテーマを持った他の作品との比較などを入れて、内容に変化と興味を持たせるようにする。

これは、いわゆる「比べ読み」であり、比較したその成果を生かすことによって、作品に対するそれまでになかった感想が読者のうちに呼び起こされるということを取り上げた観点です。国語の授業で『ごんぎつね』を学習した際に、同じ作者の書いた『手ぶくろを買いに』を読んだり、『でんでんむしのかなしみ』や『鳥右ヱ門諸国をめぐる』を読んで、この作者が追求したテーマを考えていくと、『ごんぎつね』の感想が広がることでしょう。

また、民話や他の作者による狐の物語と比較することも、感想を広げる手がかりとなります。たとえば宮澤賢治の『雪わたり』や安房直子の『きつねの窓』と比べてみると、それぞれの作品のなかでの狐の個性を比較することで、自身の感想を広げ深めることにつながると思われます。さらに『チャンティクリアときつね』（バーバラ・クーニー文・絵、平野敬一訳、ほるぷ出版、一九七六年）や『ロージーのおさんぽ』（パット・ハッチンス作、わたなべしげお訳、偕成社、一九七五年）のような外国の絵本での狐の描かれ方と比べてみることもおもしろいでしょう。もしも狐や狼などが、それぞれの話でどのような登場人物として描かれているのか、という観点からの気づきをたくわえていけば、とてもしっかりとした感想が生まれるに違いありません。

④　書き出しと結びを工夫する。

四番目の項目は、読書感想文を書く場合だけに限らないことですが、「書き出し」や「結び」についての書き方の例を子どもたちに示して、各々工夫させてみるというアイディアです。型にはまらないで、感想文の書き出しや結びを考えてみることによって、感想文そのものへのより積極的な取り組みが促されるのではないでしょうか。

宮川俊彦の『読書感想文がラクラク書けちゃう本―宮川俊彦のオタスケ授業―』（小学館、一九九九年）には、そのためのユニークなアイディアが数多く示されています。たとえば読書感想文の書き出しについて、同書には、1「出会いから入る」の術、2「もしも」の術、3「場面抜き書き」の術、4「体験から入る」の術、5「感想ワード」の術、6「お手紙」の術、7「きっと・たぶん」の術、

8「やはり」の術、9「セリフ抜き出し」の術、10「ヤマ場から入る」の術、11「反省から入る」の術、12「ほらね！」の術、13「コピーライター」の術、14「ベタボメ」の術、15「なりきり」の術、16「泣き落とし」の術、17「まわりからせめる」の術、18「すなおにあらすじ！」の術、19「対決」の術、20「ぼやき・つぶやき」の術、の合計二〇の「術」が提示されています。また、「テーマさがし」や結び方や読書感想文の構成法についても、子どもにわかりやすい言葉で例を挙げながら解説がなされています。宮川の提案は、従来の読書感想文の指導において、文章表現そのものの指導が十分になされてこなかったことへの反省を踏まえているとみてよいでしょう。

⑤ 絵本の場合はもっと丹念に絵を読み、絵から受ける感動を自由に、文章に対するのと同じ比重をもって書く。

絵本の感想文を書くことは実際のところそれほど多くはありません。しかし、絵本の絵を読むことから、本に対する感想を言葉にする練習をしていくことはできます。

たとえば、先にも掲げた『ロージーのおさんぽ』の場合、散歩するニワトリのロージーを、今にも食べてしまおうと付け狙う狐の姿が見開きごとに描かれていますが、絵本の言葉にはそのことについての情報はありません。これはきたむらさとしの『リリィのさんぽ』（平凡社、二〇〇五年）でも同じです。中心人物リリィと犬のニッキーの散歩のことを、絵本の言葉は語るのですが、その背景となっている絵は、言葉では語られていないことを、雄弁に物語っています。いずれも、絵本の絵を丹念に読むことによって感想をふくらませることができる絵本です。アンソニー・ブラウンの『こうえんで…4つのお話』（久山太市訳、評論社、二〇〇一年）もまた、絵をしっかりと読むことによって、本を読む楽しみを実感できる絵本であると言えるでしょう。

デイヴィッド・ウィーズナーのいくつかの絵本には、言葉のないものも少なくありませんが、絵を読み解き、つなげていくことで、読者のうちにストーリーができあがっていくように構成されているものがほとんどです。たとえば、火曜日の夜八時にカエルとガマが蓮の葉に乗って飛び上がる不思議な出来事を描いた『かようびのよる』（当麻ゆか訳、徳間書店、二〇〇〇年）や、海水浴場の浜に流れ着いた水中カメラを拾った少年が、そのカメラに収められたフィルムを現像することで不思議な体験をする『漂流物』（BL出版、二〇〇七年）などは、言葉がほとんど記されていないものですが、絵の連続性によって読者がさまざまな物語をそこに読み取ることができるようにつくられています。こうした絵本などは、しっかりと絵を読むことによって感想を書くことのできるものです。もちろん、感想文ではなくて、絵本から連想される物語を創作させるという活動を展開していくこともできるでしょう。そして、絵のない言葉だけの本に対しても同様の心の動かし方ができるのだよと、子どもたちに声をかけていくことで、感想をひらくことができるでしょう。

この五点だけに限らずもっと多くのことを考えていくことができます。対象とする本をいろいろな角度から眺めて、何が書けるのかということを考えさせることが大切なことなのです。また、型やパターンにとらわれず、本から感じたことをどのように表現するか、工夫させてみることが必要です。

（5）　読書感想をひらくために

1．さまざまなタイプの読書感想文

読書感想を表現する形態を、柔軟に考えてみると、実はさまざまなタイプのものがあります。四〇〇字詰め原稿用紙だけが読書感想を記述したり、表現したりする舞台ではありません。たとえば、

○吹き出し　○手紙　○鉛筆対談　○事後物語（続き物語）

といったものが考えられます。「吹き出し」は漫画でよく用いられるものですが、とくに小学校の低学年の国語の授業のワークシートでよく用いられるアイディアであり、実際、これを用いた国語科授業実践は少なくありません。国語科ではほぼ日常化したアイディアだと言うことができるでしょう。人物の「思ったこと」「考えたこと」を書き込むためのものが少なくありません。また、子どもが登場人物の「知覚」を「代行（代理経験）」して心のなかに抱いたことを書き込むことも多いです。

これに対して「手紙」は、作者・筆者や登場人物に対して読者自身が思ったこと・考えたことを通信文として表現する（させる）ものです。「相手」を具体的に想定しながら書くことができるということがその利点だと言うことができるでしょう。

「鉛筆対談」は、書き言葉による感想の交流の一つであり、いろいろな形態があります。本文の上

テクストについてのメモ	反応	コメント（他の読者による）	左のコメントへの返事

下に空白を多めにとったテクストを用意し、読者がペアになってその上下の空白に考えたこと・思ったこと・感じたことを書いたり、本文の表現に即して相手に質問をしてそれに応答する、というようなかたちのものを考えることができるでしょう。「鉛筆対談」ではないのですが、アメリカで読書教育の研究をしているロバート・プロストという学者の考えた、上の表のような提案は、「鉛筆対談」のようなかたちで読書感想を述べ合うことの意義を教えるものです。プロストは上に掲げた四つの欄の表をノートに見開きでつくって、友達と書き言葉で意見を交わすやり方を提案しているのです。

この記録は生徒同士の意見交換を準備するものである。たとえば、生徒たちは小説について学習を進めながら、それぞれの章を読み終えたあとに、そのテクストに対する反応を最初の二つの欄に書き入れ、それを他の生徒と交換するように求められることになる。生徒たちは、そのメモや反応を読み通して、心に思ったことを書き留める。こうしたコメントはもとの生徒に戻され、今度はもとの生徒がそのコメントに反応するように求められるのである。こうした意見交換は教室での話し合いのための多くの材料をもたらすものであって、生徒たちに、テクストや自分自身を、あるいはお互い同士をよりよく理解させる働きを持つことになる。（Probst, Robert. "Five Kinds of Literary Knowledge" in Langer (ed.) *Literature Instruction: a focus on student response.* National Council of Teachers of English, 1992, p. 67, 山元訳、傍線山元)

これもまた「鉛筆対談」の一つであると言えるでしょう。プロストも述べているように「鉛筆対談」は単に「感想」をひとりで提出するというだけにとどまらず、読者同士の理解や、あるいは他の読者の読みに学ぶということを可能にするアイディアであると言うことができます。

「事後物語（続き物語）」は多くの人が書いた（書かされた？）経験があるものではないでしょうか。読み終えた物語の「続き」を書くというものです。これは、作品を選ばなければならないと思いますが、とくに小学校中学年以降は、読者の書いた「続き物語」のなかに、その物語に対する読者の感想や解釈が多分に含まれることになります。

2．読んだ本について情報を交換する場と方法を求める必要性

本章の冒頭でも述べたように、読書感想文指導のもっとも大きな問題点は、子どもたち全員にやがて良質のエッセイにつながるような感想文を書かせるかどうか、というところにあります。上條晴夫は従来の読書感想文指導に代わるものとして次のような「一枚文集」というアイディアを提案しています。これは、読書感想の情報を交換する媒体として考案されたアイディアです。

子どもの書いた読後感想文を更紙にプリント（B4）する。

全員にプリントを配り読み合わせする。プリントはつぎのようにして作る。
①読後感想文は二百字原稿用紙に書いてもらう。
あまり長いと読み通しにくい。
②書き方の書式を指導して書かせる。
たとえば次のような書式で感想を書かせる。

○○著『………』（　）を読みました。 とってもおもしろかったです。 点数でいうと○点です。 理由は………。

③原則にしたがって編集する。
たとえばつぎのような順番に書き並べる。
・早く提出した者順
・おすすめ度数順
・生年月日順

どんな順番でもよい。思いつきで並べるのだけがよくない。
④読み聞かせをする。
プリントを配布するだけでもよい。読み聞かせすればさらによい。
〈留意点〉
①機動性で勝負せよ。↓一枚文集はふつうの文集のように冊子の形にしない。気軽に読み合わせするようにしたい。
②回数を多くせよ。↓全員の感想文をいつもいつも載せる必要はない。たとえば一学期間にクラス全員が載るように配慮すればいい。（上條、前掲書、八二～八三頁）

このアイディアのポイントは、
・子どもにまとまった「読書感想」を書くことを求めない
・「読書感想」を記すということが自分以外の読者に対する本の紹介につながっていく
という二つにあります。実際のところ、定型の短い文章を書かせて、それを編集・印刷・配布して、読み合わせて終わり、という過程はあまりにもドライな印象も受けますが、しかし、それだけに取り組みやすいアイディアであることは確かです。読書感想の指導を、本を媒介としたつながりあいに展開していこうとしている点が重要だと思います。そして、このアイディアが、ずいぶんと形態は異なるものの、戦後文学教育の代表的な実践である、太田正夫の「十人十色を生かす文学教育」の発想との共通点を見いだしうるものでもあります。

3．読書感想をひらくための働きかけを工夫する必要性

まとまった読書感想文を求めるのではなく、読書感想をどのように引き出していくのか、またそれをどのように表現すればよいのか、ということを子どもに伝えることが何よりも重要であることを、この章で取り上げたさまざまなアイディアは私たちに伝えてくれます。感想文としてまとめることが問題なのではなく、本をどのように捉えていけば読書感想をひらくことができるかを学んでいく経験こそ大切だということを私たちに示唆してくれるものであったと思います。

大村はまの読書生活指導のさまざまなアイディアは、この読書感想をひらくあり方に一つの大切なイメージを今も与えてくれるものです。そこでは読書感想文を書き上げることが目標ではなくて、お互いの感想を読み合ってお互いの感想を広げる、というかたちでの読書感想をひらくことがめざされているのです。たとえば『大村はま国語教室』第八巻（筑摩書房、一九九一年）には、「感想を育てる」という読書に関する単元が収められています。

たとえば「感想文を育てることを目的にする指導とは別の、そのもとになる感想そのものを育てようとする試み」として「五行感想」を読み合う、という実践があります。「めいめいの読んだ本、読んでいる本について、五行の感想を書く」ことから始まる学習です。「五行」とは原稿用紙五行のことですから、一〇〇字ということになります。子ども（大村の実践では中学校一年生）が一〇〇字程度

の感想を書いたあとに、教師が「もう一歩深まったりもう少し別の方向へ目を転じたりできる文を書き継い」でいき、さらにそのあとに子どもが文を書き継いでいきました。そのそれぞれの五行感想をプリントにして配布し、読み合ったというのです。この「五行感想」のむずかしいところは、書き継いでいくこともさることながら、子どもの読んでいる本を皆教師も読んでおく必要があるというところです。しかし、この実践は確かにひとりひとりの感想を育てる役割を担っていると思われます。子どもが読んでいるあいだ、読んだあと、心のなかに浮かべるさまざまな思いに伴走しながら感想をふくらませていこうとする試みの一つであると考えることができるでしょう。

また、次のような「手引き」を用いた実践も大村の手で紹介されています。

十のヒントを書き込んだ感想文の用紙を与えた。
一枚に一冊、1から10までのどれかを書く。一つでも二つでも、いくつでも取り上げてよい。
一冊の本について、全部取り上げて十種類の文章を書くわけではない。また、何冊か読んで、全部一回は取り上げるというのでもない。

「　　　　」を読んで	一年　組（　　　）
1　おたずねします	
2　私の発見――考えたこと、知りえたこと	

3　心に強く残っていること、忘れられないことば
4　私の実験・実行・試作
5　私のつづき物語
6　「もし……」のページ
7　空想のつばさ
8　……の本が読みたくなった
　……の本はないだろうか
9　――さん、この本を読みませんか、この本は
　……。
10　呼び起こされた記憶

（三九三～三九四頁）

この「手引き」プリントの下半分は白紙であり、書き込むことができるようになっていて、その次のページは「全面けい紙」になっています。一冊の本について、すべて取り上げる必要はないけれども、一〇の観点のどれかを使って、何かを書き進めることができるように工夫がなされています。しかも、物語や小説だけでなく、実験観察の報告にもとづいて書かれたものや、ルポルタージュや随想など、さまざまなジャンルの本に対応したものになっているのです。

そして、次のような言葉が示されています。

以上のような形は、普通には読書の感想文と言わないかもしれない。しかし、ここでの学習の目的は、あくまで、子どもたちの読書から得たものを、育てみのらせ、読書への興味を持たせ、読書から得たものを自分で育てていく読書生活の意義に気づかせ、より意欲的な読書生活に進ませることである。文章の書き方を鍛える場は別に、それを目的として用意している。ここはむしろ、そういう作文指導の応用の場といえよう。読書の感想を育てる学習を、作文指導の場と区別しておきたい。読書感想を育てる学習の場が、作文指導のかげにかくされてしまってはならないと思う。そして、この読書感想そのものを育てる学習は、もちろん、読書感想文のもとである。

（大村、前掲書、三九七頁）

本章でいくつかの観点から述べてきたことは、いずれも大村の言う「読書感想そのものを育てる学習」のことであったと言うことができるでしょう。もしも読書教育が読書感想文の指導ではなくて、読書感想そのものを育てる学習であるなら、子どもにとって必要なことなのではないでしょうか。いや、読書行為そのものが「読書感想そのものを育てる」行為に、実はなっているはずなのです。

6　感想を交流する

寺田　守

(1)　感想の交流とは何か

本を読むということは、即物的な言い方をすれば文字を目で追って理解するということです。一文字ずつ言葉を理解しながら文の意味を確定していきます。これを解釈と言います。さらに、読んでいる間に私たちの頭に様々な考えが浮かびます。文学であれば登場人物に対して、「うまくいってほしいな」と応援する気持ちになったり、「そんなことをしては駄目だよ」と助言を与えたくなったり、「私だったらそういうことは言わないな」と自分の価値観と比べたり、「どうしてそうなるの？」と疑問を抱いたり、「なるほど！」と納得したり、私たちは読書の過程で様々な思いを抱きます。また、情景を映像として思い浮かべたり、物語の出来事と似た経験を思い出したりすることもあります。これらが感想です。専門用語で反応と言うこともあります。

解釈と感想とは、通常個人の頭の中で起こる出来事です。それを言葉で表現し、他者に伝えてみること、そして他者の解釈や感想を知ることを感想の交流と呼びます。読んでいる過程で生じた出来事を表現し、感想を交流することは、コミュニケーション行為だと言えます。

私たちの常識的な発想では、読書は一人で行うものです。そこにあえて他者との対話を組織して、解釈や感想を深めようとしたり、楽しみを感じられるようにしようとしたりする挑戦が、国語科の授業で試みられてきました。そして意義のある授業方法の工夫として、現在まで受け継がれてきました。例えば、太田正夫は「十人十色を生かす文学教育」として、感想の交流を方法として授業に取り入れました。それは正しい解釈・感想を教えることを目指して行われていた国語の授業に対する異議申し立てでした。太田は、「十人十色を生かす」方法を次のように述べています。

「十人十色を生かす」学習骨子

1　「自分で読む」ことを行わせる。

2　直観したものを落さないようにさせる。メモ、線引き、総体からの感じのノート。

3　第一次感想を書かせる。

　触発された表現のところは写してから自分の意見を述べさせる。

　読書ノートで考えてきたことと関連する可能性を考える。

4　編集され印刷された第一次感想を読み合う。

5　第一次感想に対する感想を書かせる。（第二次感想）
6　編集され印刷された第二次感想を読み合う。
7　最も感銘を受けたものを選ばせ、口頭で発表させる。
8　第二次感想の紙上対話につづいて、対話を行わせる。教師も参加する。

（太田正夫『ひとりひとりを生かす文学教育』創樹社、一九八七年、八七〜八八頁）

太田の方法のポイントは、学習者が感想を記述し、書き言葉で交流するところにあります。印刷機を活用し、学習者はクラスの仲間の感想（第一次感想）を読みます。そして、感想に応える文章（第二次感想）を書き、仲間のそれを読みます。つまり書き言葉による対話を生み出すことで、クラス全体で感想の交流を図り、学習者の考えを深めようとしたのです。

それでは、「十人十色を生かす」学習のような書き言葉による感想の交流を行うと、学習者はどのように考えを展開していくのでしょうか。寺田が「十人十色を生かす」方法を試みて、二〇〇一年に広島市の中学校の三年生に実施した「故郷」（魯迅）の実践を取り上げてみましょう。通常の読解の授業を行う中で、一五分程度の時間をとり、学習者の考えを自由に記述する機会を三回設けました。第一時に初読の感想を記述し、二回目は全員の初読の感想のプリントを読み、いずれか一つに対してコメントを記述しました。三回目は、コメントが付加された感想のプリントを読み、さらにいずれか一つに対してコメントを記述しました。図1はそのようにして書かれたコメント群の一房です。七番の学習者の感想から始まる九人の文章から成っています。七番が初読の感想、六〇～六二番が二回目のコメント、一〇二～一〇六番が三回目のコメントです。（寺田守「教材解釈に内包される学習者像の検討―「故郷」（魯迅）の場合―」『大分大学教育福祉科学部研究紀要』二七―一、二〇〇五年、五八頁より。初出の図にコメントを追加している。）

七番の学習者は、「長い年月や身分の違いがそう（寺田注：他人行儀に）させてしまったと思うとつらい。」と述べています。二人の間の「距離が遠くなってしまった」ことについて考える中で提出されたものです。二人の再会は、学習者の多くが感想文の中で取り上げており、関心の集まる場面でした。

これに反応する形で、六〇番や一〇二番は、ルントーにまなざしを向けています。特に一〇二番は、「もしかするとルントーでさえ道具をもらうためだけにきたのではないか」と考え、「作者」はルントーが「あの連中」と同じだと知って「でくのぼうみたいな人間」だと書いたのではないか、と指摘しています。「でくのぼう」という言葉に、「わたし」の評価が含まれていることを見抜いている点で、重要な指摘です。

さらに重要な指摘は六一番です。七番の感想に反応するかたちで、「長い年月が他人行儀にさせたのではなくて、最初から二人の間は、離れていたのだと思った。」と指摘します。隔絶の原因をルントー一人に求めないという点で、この指摘は重要です。たしかに「わたし」とルントーは心が通い合いました。しかしそれは、一〇三番が指摘するように、子どもという立場だったから仲良くできてい

7 作者とルントーとの距離が遠くなってしまったのが悲しい。子供の頃はあんなに仲が良かったのに，今では他人行儀になってしまった。長い年月や身分の違いがそうさせてしまったと思うとつらい。
　作者はきっとルントーの事を親友だと思っていたと思う。それなのに何故，ルントーは身分にこだわっていたのか疑問です。

60この人が書いてる事は多分あってると思う。でも，もしかしたらルントーも何をしゃべったらいいか分からなくて，昔の様に接していいのかと考えたあげく『だんな様』と言ってしまってその瞬間二人の間に壁ができてぎこちなくなってしまったかもしれないと思ってきた。

102ヤンさんだけではなく，もしかするとルントーでさえ道具をもらうためだけにきたのではないかと思う。ルントーは，以前のようにもう仲良くはない。ルントーは自分にとって何だったのだろう。ただ道具をもらうための人間としてしか見てなかったのだろうか。でも，ルントーやヤンさんは悪くないと思う。それは中国の社会のせいだと思う。もしルントーが「あの連中」でもなく，昔みたいに仲良く接してくれたら，ルントーが本当にでくのぼうみたいな人間や深いしわのある手だったとしても，作者はそう書かなかったと思う。もしかしたら，作者がルントーは「あの連中」と同じだと知ってあんなことを書いたのかも。

61長い年月が他人行儀にさせたのではなくて，最初から二人の間は，離れていたのだと思った。子供の頃のルントーは，身分と関係なく遊んでいたけれど，大人になれば，そういうことを考えると思う。そういうところでルントーは，かわったけど，ルーシュンは最初から，そのことに気づいていたのかもしれない。

103その通りだと思った。もともと離れていたものを子供という立場だったから仲よくできていたのだと思う。少なくとも子供の時から身分の差がでているところがあった。例えばp204 *l*15・14のルントーが海辺にいる時…のところだ。これが大人だったら，まずかかわりがなかっただろう。もしかしたら子供というのはすごいものなのかも。

104私は最初二人は本当に親友だと思っていたと思う。だって，ルントーとルーシュンは，わかれる時泣いていたから。

62ぼくも基本的にはそう思います。長い年月は仲のよい友でさえも引き裂いてしまうという現実的な悲しい話であったと思います。

105時間と金は昔の友の心でさえ狂わせてしまうという本当に悲しい話であったと思います。しかし，現実もこのように身分などによって無残にも友との熱き友情は引き裂かれるものなのかと思いました。

106長い年月は，とても仲のよかった，作者とルントーさんの仲を引き裂いてしまうのかと自分も思った。いつの時代でも，ずっと仲がいい友人を友達と呼べるのではないかと自分は思いました。

図１　学習者の「故郷」解釈

たのです。二人の関係は本質的に子どもの時も大人になっても変化していません。現在の「わたし」は、生活のためになじみ深い故郷の家を売り、引っ越さねばならない境遇にあります。大人になったルントーも、「苦しみを感じはしても、それを言い表すすべがない」ような状況に追い込まれていますす。しかしルントーにとっての「わたし」との関係は、子どもの時から雇い人のまま変化していないのです。

感想を交流することで、学習者が考えを深め、疑問を解決していく姿を見ることができます。一房だけを取り上げましたが、その他の話題についても、学習者は各自の考えを交流する中で深めていました。ここに教師が介在することももちろん可能ですが、問答型の授業では扱いきれない量の対話が生じるという点に、感想の交流の意義があるのです。

（2）　教科書に取り上げられた読書会

読書教育の取り組みの中で、感想の交流を図る活動に読書会があります。一冊の本、あるいは数冊の本を小集団で共有し、感想を交流します。「十人十色を生かす」方法が書き言葉による交流であるのに対して、読書会は話し言葉によって感想を交流します。ブックトークのような本を読んだ読者がまだ読んでいない相手に紹介する活動ではなく、参加者全員が同じ本を読んだ上で、あるいは読みながら参加します。

国語教科書にも読書会が掲載されています。例えば、教育出版の小学校六年生の教科書には、『きつねの窓』（安房直子）の本文の後ろに、読書単元として「読書座談会」の言語活動が四頁にわたって取り上げられています。『ライオンと魔女―ナルニア国ものがたり―』（C＝S＝ルイス）についてグループで話し合う様子の例が掲載され、あわせて「読書座談会」を効果的に行う次のような六つのコツが紹介されています。

「読書座談会」をしよう
・事前に、話し合いたいことをノートなどにメモしておく。
・自分の意見とほかの人の意見の、共通点や相違点をつかみながら聞く。
・ほかの人の意見を、自分の言葉に置きかえながら話す。
・自分の考えの根拠を示しながら、意見を述べる。
・ほかの人の話を聞きながら、自分の考えが変わったところや深まったところなどについて、明らかにしながら話を進める。
・座談会の最後に、各自で感想をまとめて、しょうかいし合う。
（『ひろがる言葉　小学国語6下』教育出版、二〇一一年、五八～六一頁より）

様々なコツが挙げられていますが、とりわけ大切なのは、「自分の考えの根拠を示しながら、意見を述べる」ということでしょう。感想を交流する上で、話し合いがかみ合わないことがしばしばあります。原因は、記憶に頼った発言が重ねられるためです。教科書の話し合いの例から引用すると、「この冒険をとおして、兄弟四人の心のつながりも、強くなったと思います。」という発言だけでは、他の参加者は何もコメントを返すことができません。「ふうん」としか言いようがないのです。

けれども、「『ライオンと魔女』は、四人の兄弟のうち、エドマンドが大きく変わりました。最初は魔女の言うことをきいてしまったけれど、最後は勇敢に魔女に立ち向かいました。」と述べた上で、先の発言に続けると、他の参加者は同意をしたり、反論を述べたり、付け加えたりできます。根拠は具体的であるほど良く、本文を引用し、何頁何行に書かれているかを指差し、今発言している〈ここ〉に参加者の視線を集める焦点化が大切です。太田正夫の「十人十色を生かす」方法でも、「触発された表現のところは写してから自分の意見を述べさせる」という手続きが指摘されていました。

中学校の国語教科書でも読書会が掲載されています。三省堂の中学校三年生の教科書には、「猫」（トーベ・ヤンソン）を例として、「ブッククラブ」の言語活動の手引きが取り上げられています。一人ひとりが次のような異なった役割を持って参加するハーヴィー・ダニエルズのリテラチャー・サークルの方法です（リテラチャー・サークルについては後で取り上げます）。

深まる読書　ブッククラブ

・司会者…話し合いをまとめたり、疑問点を見つけ各担当者に質問したりする。

・文章表現担当者…すてきだと思った表現、重要だと思う表現を朗読する。
・コネクター（接続者）…文章と自分たちの経験などの日常生活とをつなぐ。
・イラストレーター…読んで、得たイメージを絵に描く。
・研究者…本に書かれている事柄と関連した情報を調べる。
・言葉担当者…出てくる言葉の意味を調べる。
・場面（段落）担当者…場面分けをしたり、あら筋をまとめたり、要約したりする。

（『中学生の国語　学びを広げる　三年資料編』三省堂、二〇一二年、三一頁より）

リテラチャー・サークルの方法による「ブッククラブ」は、参加者の役割分担が明確だという特徴があります。参加者が異なる役割で臨むという点には賛否があるのですが、読書会のような学習活動に習熟していない学習者に何をすれば良いのか明確に指示できる利点があります。逆に、役割によって育つ学力が異なるという弱点もあります。イラストレーターの役割に習熟すると、場面を映像として想像するようになるでしょうし、言葉担当者の役割に精通すると、語彙や表現に敏感な学習者が育つことになるでしょう。

読書会は本を共有する話し合いです。話し言葉による感想の交流によって、考えを深め、読書の楽しみを感じるための指導の工夫です。根拠となる本文を引用したり、明確な役割を持って参加したりといった読書会を成功させるコツを学びながら、感想を交流する意義を体感していきます。

（3）ブッククラブ

感想の交流を考えるにあたって、そもそもなぜ他者とコミュニケーションをとらないといけないのか、という問いが生まれます。読書は一人で行うものです。そしてコミュニケーションは人間関係の中で行うものです。読書の意義を、著者の考えに学び、知識を獲得するものだと考えると、読書は孤独な営みであり、現実の他者との対話が読書に入ってくる余地はありません。読書の意義とコミュニケーションとは、どのように関わるのでしょうか。

ここで読書の意義を考えるために、食事の意義を例に考えてみましょう。食事には、人間の生命活動に必要な栄養を摂るという本来の意義があります。加えて、おいしい料理を食べることで、食欲が満たされるだけでなく、満足感が得られるという行為自体に喜びを感じる意義があります。さらに重要なのは、家族や友人と一緒ににぎやかに食べることで会話が弾み、楽しみを感じるようになるという意義です。私たちは、一人で黙々と食べるよりもみんなで食べることを好み、そこに充実感を抱きます。学習者も食事をしながらの友達とのおしゃべりを楽しみに、給食の時間を毎日待ち焦がれます。食事には、本来の意義、行為自体に喜びを感じる意義、行為を媒介としたコミュニケーションに充実感を覚える意義の三種類の意義があります。

このように考えると、読書の意義とよく似ていることに気がつきます。読書も著者の考えに学び、知識を獲得するという本来の意義に加え、本を読むこと自体に楽しみや感動が求められるようになります。やがて、同じ本を読んだ仲間と語り合うような本を媒介としたコミュニケーションが生まれることで、充実感が生まれるという文化的な側面の意義が認識されるようになるのです。

一九九〇年頃から、北米を中心にブッククラブという読書会の実践が大きな潮流となりました。小集団で一冊の本を共有し、内容や表現について話し合います。少人数で協同的に本を読み進めていくことで、読書に楽しみを感じるだけでなく、本を媒介としたコミュニケーションから生じる充実感を抱いていきます。オプラ・ウィンフリーがテレビ番組の中でブッククラブを行ったことで社会的な流行現象になり、学校の授業での活動だけでなく、大人たちもブッククラブを行うようになったといいます。大人のブッククラブを素材とした小説『ジェイン・オースティンの読書会 *The Jane Austen Book Club*』（カレン・ジョイ・ファウラー、矢倉尚子訳、白水社、二〇〇六年）が出版され、映画化もされました。

学校のブッククラブ活動においても、多様な小集団の読書プログラムが北米を中心とした国語教師たちによって提案されました。SSR（Sustained Silent Reading 黙読の読書。日本では朝の十分間読書が有名になりました。）に飽き足りない教師たちが、読むだけで終わらせず、読みながら学習活動を行う指導法として注目し、実践したのがブッククラブです。様々なプログラムが提案され、百家争鳴の様相を呈しています。

そうした中で、イリノイ大学教育学部のリテラシー教育を専門とするタフィ・E・ラファエル教授の提案するブッククラブがよく知られています。ラファエルは、一九九七年に、国際読書学会（the International Reading Association）から表彰されたこともあり、優れた教員養成・教師教育の研究者として知られています。また、全米読書協議会（the National Reading Conference）の会長を務めたこともあります。かつてノース・カロライナ州とイリノイ州の小学校教員を務めていたラファエルのブッククラブは、一つの指導方法ではなくて、カリキュラムになっているという点に特徴があります。小集団での活動としてのブッククラブと、カリキュラムとしてのブッククラブとの二つの意味を使い分けています。

ラファエルは、カリキュラムとしてのブッククラブの中で、次のような理解方略（読む方法）を指導するとしています。理解方略を「予備知識を引き出す」「テクスト処理」「モニタリング」の三つに分類し、それぞれの方略をコミュニティ・シェアの時間（一斉授業）で計画的に教授します。小集団の活動としてのブッククラブは、これらの理解方略を活用する場として設けられているのです。

理解方略

予備知識を引き出す

・以前の知識を活性化する
・必要に応じて新しい知識を構築する
・間テクスト的に関連づける

・語彙概念を身につける
・予想する

テクスト処理
・要約する
・順序づける
・視覚化する
・推論する
・総合する
・重要でない情報と重要な情報とを見分ける
・文学的要素を分析する
・テクスト構造の知識を用いる

モニタリング
・予想を評価し、修正する
・質問する
・明確にする

（Taffy E. Raphael, Laura S. Pardo, and Kathy Highfield. *Book Club: A Literature-Based Curriculum*, 2nd edition. Lawrence, MA: Small Planet Communications. 2002. p. 14.）

これらの中の、例えば「間テクスト的に関連づける」とは、今読んでいる目下のテクストと類似するテクストを挙げて、類似性や関連性を指摘するという方略です。J・L・レムケは、間テクスト性のパターンには、主題的類似（同じことについての話）、指向的類似（同じ視点からの話）、組織的類似（同じジャンルの話）という三種類の接近法があると指摘しています（J. L. Lemke. "Intertextuality and Educational Research." *Linguistics and Education.* 4:3. 1992. pp. 257-267.）。例えば、「『きつねの窓』の子ぎつねは、〈ごん〉のように一人ぼっちで、寂しかったんだと思う」という主題的類似に基づく間テクスト的関連づけの場合、「きつねの窓」を読むために「ごんぎつね」についての予備知識が持ち込まれています。また、「『故郷』の語り手の『わたし』は、『吶喊』の『自序』に書かれているような鉄の部屋の中で先に目覚めてしまった人間なのだ」という指向的類似に基づく間テクスト的関連づけでは、「故郷」を読むために「故郷」が収められた単行本『吶喊』の「自序」についての予備知識が用いられます。さらに「『トロッコ』も『少年の日の思い出』も、現在から過去の出来事を振り返って語っており、しかもどちらも二つの同じようなエピソードを前置きのような短いものと、一番語りたい長いものとを並べて描くことで、長いエピソードをなぜ語っているのかという目的を明確にしている」といった組織的類似に基づく間テクスト的関連づけでは、「トロッコ」を読むために「少年の日の思い出」についての予備知識が活用されます。通常間テクスト的関連づけは、漠然と用いられ、圧縮された表現によって、他の学習者たちに理解されにくい形で提出されます。ブッククラブでは、このような理解方略を一つひとつ丁寧に教授することで、学習者に意識的に用いるように促し、学習者の感想の交流の質を高めていこうとします。

学習を重ねていく中で養われた学力は、パフォーマンス評価（振る舞いによる学力評価）によって測られます。ブッククラブの話し合いや、ログ（学習記録）、コミュニティ・シェア（一斉授業）について、教師の評価と学習者の自己評価を行います。例えばブッククラブの話し合いを評価するためのルーブリック（評価基準）が表1です（Taffy E. Raphael, et al. *ibid.* p. 59.）。

教師は一人ひとりの学習者に対してルーブリックを用いて評価します。五〜一の段階に分けて採点していますが、学習者のパフォーマンス（振る舞い）の課題を把握することが目的です。一人ひとりの課題を把握し、コミュニティ・シェア（一斉授業）の時間の学習課題や内容を再考します。したがって、得点よりも基準が重要なのであり、それぞれの段階で共通のものさしとなっています。「どこに焦点を合わせているか」「効果的に証拠を用いているか」「新しい考えを提案しているか」「他の人の発言に基づいて考えを深めたり広げたりしているか」「他の人の考えを尊重しているか」「発言に目的意識は見られるか」「仲間を助けているか」といった観点から、ブッククラブの話し合いを評価します。

基準を見ると、読む能力に関する基準（前の三つ）と話し合いを推し進める能力に関する基準（後ろの四つ）とに分けられることに気がつきます。特に日本の国語科教育で大切にされてきた「本文に根拠を求める」読み方が、ブッククラブでも「効果的に本文や内容、そして／あるいは個人的経験から考えを支持する証拠を用いている」という形で、やはり重視されている点に注目するべきでしょう。

表1　ブッククラブの評価基準

得点	ブッククラブの話し合いのためのルーブリック　基　準
5	・主要な主題、問題、疑問、あるいは人物に焦点を合わせている ・効果的に本文や内容、そして／あるいは個人的経験から考えを支持する証拠を用いている ・適切に新しい考えを提起している ・他の人の考えを深めている／広げている ・他の人の考えを尊重している ・明確な目的を持って話している ・適切にグループのあまり積極的でない仲間を支援している
4	・いくつかの主要な主題、問題、疑問、あるいは人物に焦点を合わせている ・効果的に本文や内容、そして／あるいは個人的経験から考えを支持するいくつかの証拠を用いている ・時折適切に新しい考えを提起している ・時折他の人の考えを深めている／広げている ・他の人の考えを尊重している ・発言の目的が通常は明確である ・時々グループのあまり積極的でない仲間を支援している
	・派生的な主題、問題、疑問、あるいは人物に焦点を合わせている または主要な主題についての詳細な話し合いが欠けている ・本文、そして／あるいは個人的経験から考えを支持する証拠をほとんど用いていない

1	2	3
・本文や個人的な経験へ最小限の言及しかなく、表面的に反応する ・取るに足りない本文の細部や無関係な個人的経験について発言する ・自分の考えへの固執—他の人の考えを深めない ・新しい考えを提起しない ・発言の目的意識が不明確であることを示している ・めったに発言しない ・発言の前に手を上げる、そして／あるいは順番に交替で発言する形に頼る	・重要な主題、問題、疑問、あるいは人物への言及がほとんどないあるいはどのような主題についての詳細な話し合いも欠けている ・本文、そして／あるいは個人的経験から考えを支持する証拠をほとんど用いていないまたは効果的ではない証拠を用いている ・発言の目的意識が不明確である、あるいは欠けている ・めったに他の人の考えを深めておらず、順番に交替で発言する形に頼ることがある ・ほとんど他の人の考えを尊重したり注意を払っている態度を示さない ・めったに新しい考えを提起しない ・たまに発言する	またはあまり効果的ではない証拠を用いている ・発言の目的意識をいくらか示している ・他の人の考えをいくらか深めているが、順番に交替で発言する形に頼ることがある ・他の人の考えをいくらか尊重する態度を示している ・あまり効果的に新しい考えを提起していない

ただし、個人的経験を根拠とした考えが、本文を根拠とした考えと並んで尊重されている点も見逃すことはできません。本文の言葉の意味に基づいて解釈することに加えて、読者の経験に基づいて主体的に関わることが、真正な読書行為には欠かせないのです。近年わが国においてＰＩＳＡ型読解力や読解表現力といった用語で主張される提案の核となる考えだと言えるでしょう。

ラファエルのブッククラブも、用語こそ異なりますが、感想の交流によって学習者の考えを深めようとする学習の試みです。理解方略や評価基準を用意して、体系的なカリキュラムとして実施している点に先進性があります。このような読書プログラムが英語圏の国語教師たちによって数多く提案されています。

（4）リテラチャー・サークル

リテラチャー・サークルとは、現在アリゾナ大学で言語、読書、文化を専門とするカシー・Ｇ・ショート教授が一九八六年にインディアナ大学に提出した博士論文の中で提案した用語です。小学校の教員の経験もあるショートが、オーサリング・サイクルという生活経験から作文を作りあげることの重要性に焦点を合わせた作文指導のカリキュラムの枠組みを基に発展させたものです。リテラチャー・サークルについて、ショートは次のように述べています。

リテラチャー・サークルは、子どもたちが、他の読者と共に、文学についての素朴で未完成な理解の探究を支援するための、カリキュラム構造を提供する。リテラチャー・サークルは、子どもたちに、他の読者との対話を通して、読み取ったことについての理解を拡張し、批判するよう促す。これらのサークルは、読むということが、児童がテクストから意味を引き出すばかりでなく、意味を持ち込むことによっても積極的に理解を作りあげている、という交流の過程だという信念に基づいている。(Kathy G. Short. Foreword. In Bonnie Campbell Hill, Nancy J. Johnson, and Katherine L. Schlick Noe (Eds.) *Literature Circles and Response.* Norwood, MA: Christopher-Gordon Publishers. 1995. p. x.)

ショートが述べているように、リテラチャー・サークルは、対話を通して理解を拡張し、批判を促すことを目指しています。特に、「テクストから意味を引き出すばかりでなく、意味を持ち込むことによっても積極的に理解を作りあげている、という交流の過程」という考え方から、ブッククラブと同様にリテラチャー・サークルも学習者が自らの経験に基づいて主体的に関わることを目指しているということがわかります。リテラチャー・サークルもまた、他者との対話を組織して、解釈や感想を深めようとしたり、楽しみを感じられるようにしようとしたりする感想の交流なのです。

リテラチャー・サークルではどのような話し合いが行われるのでしょうか。ショートが紹介する事例を見てみましょう。次に引用するのは、小学校一年生のリテラチャー・サークルの様子です。

一年生の小グループが、民話「ヘンゼルとグレーテル」を教材としたリテラチャー・サークルとして話し合っています。子どもたちは彼らのお気に入りの部分を共有します。ある時、パットが話し合いに参加しました。「あのね、本当はまま母が魔女に変装しているんだと思うよ。」グループの他の子どもたちは驚いて彼を見つめました。最後に教師が尋ねました。「ねぇパット、どうしてそういう風に思うのかしら？　ここにいるみんなは、あなたの言ったことがよくわからなかったの。」パットは素早く本を開いて、魔女とまま母が決して同時には登場しないことを指摘しました。また子どもたちが魔女を退治した後で家に帰ってみると、まま母が死んでいたことを指摘しました。そして「まま母が魔女に変装していたのだと思う。」と指摘しました。シェリーが話し合いに参加してきます。「同じような話をみんなで読んだことがある。」すると、教師が「そうね、私が先週読んであげた白雪姫みたいだね。」と興奮気味に話しました。パットはこの物語に対して、新しい可能性に富んだ解釈をもたらしました。教師はそのことに気がついたのです。そのグループは話し合いを続けました。本を吟味し、出来事に対する違った解釈を話し合いました。（Kathy G. Short. "Researching Intertextuality within Collaborative Classroom Learning Environments." *Linguistics and Education.* 4:3. 1992. p. 313.）

この例では、一人の児童が民話「ヘンゼルとグレーテル」の新しい推論（まま母が魔女に変装している）を提示しています。最初その推論は受け入れられません。しかし児童は推論の根拠を二点指摘します（魔女とまま母が同時には登場しないこと、魔女を殺して家に帰るとまま母も死んでいたこと）。その後、他の児童の発言を契機に、魔女とまま母が同一人物である「白雪姫」が連想されました。間テクスト的な連想が、新しい解釈の三点目の根拠となりました。このリテラチャー・サークルに参加した子どもたちや教師は、協同的な学習環境の一部を担っています。そこではすべての学習者の行う関連づけが、共有され、促され、そして尊重されるのだとショートは述べます。

こうしたリテラチャー・サークルの意義について、三年生の学習者が次のように振り返っています。

> だれでも自分の考えを発表することができます。もしあなたがだれかに賛成しなくても、あなたはその人と話しつづけます。そうすることで、あなたはもっとたくさんの考えを持てるとわかっているからです。あなたは一つだけの正しい答えを見つけようとはしません。リテラチャー・サークルでは、だれかが正しい答えを出した時でも、私たちは話し合いを続けました。リテラチャー・サークルの中で私たちは前に進みます。私たちは、できるだけたくさんの違う見方を考えます。（Kathy G. Short. *ibid.* p. 325.）

協同的な学習環境では、学習者たちは発言の多様性に価値を置きます。沈黙した心の中のつぶやきだけでなく、自分の考えを発言し売り込みます。そしてお互いの発言を聞きます。学習者は、聞かれるという経験を通して、仲間の発言だけでなく自分の発言を認識し、尊重するようになるのです。感想の交流は、考えを深めるということに加えて、互いの考えを尊重し、学び合うという協同性を育んでいくという役割を担っています。このことが国語教師を魅了する力の源泉となっています。翻訳された書籍としては、ルーシー・カルキンズの『リーディング・ワークショップ』（吉田新一郎・小坂敦子訳、新評論、二〇一〇年）があります。リーディング・ワークショップは、ショートのリテラチャー・サークルに共鳴して提案されたブッククラブです。

ナショナル・ルイス大学でリーディング、言語を専門とするハーヴィー・ダニエルズ教授もまた、リテラチャー・サークルを提案しています。一九九四年に出版した本がベストセラーとなりました。ダニエルズのリテラチャー・サークルは、参加者の役割分担がはっきりしているのが特徴です。

学習者は、「関連づける人（Connector）」「質問する人（Questioner）」「文学性に光を当てる人（Literary Luminary）」「図で説明する人（Illustrator）」「要約する人（Summarizer）」「研究する人（Researcher）」「言葉の魔術師（Word Wizard）」「場面を設定する人（Scene Setter）」といった役割を、それぞれ担当します。ワークシートが用意されており、学習者は事前に準備をして、話し合いに臨みます。例えば、「文学性に光を当てる人（Literary Luminary）」の役割のワークシートには、次のような手引きが書かれています。

文学性に光を当てる人
あなたの仕事は、あなたのグループで話し合うテクストの中から、いくつかの特別な部分や引用する箇所を探し当てることです。読んでいく中で、特に面白く、力強く、こっけいな、難しい、あるいは重要ないくつかの部分に立ち返るのを助けることがねらいであり、そしてより注意深くそれらについて考えるのを助けることがねらいです。どの節や段落が立ち返る価値があるかを判断し、それらを選んだ理由を書きましょう。そして、それらを共有する方法を、いくつか計画して書きましょう。あなたがその一節を音読したり、誰かに読むように求めたり、あるいは黙読したりして話し合いを行います。(Harvey Daniels. *Literature Circles: Voice and Choice in Book Clubs and Reading Groups.* Portland. Maine: Stenhouse Publishers. 2002. p. 109.)

役割を果たす上でのポイントは、手引きに「それらを共有する方法を、いくつか計画して書きましょう」とあるように、話し合いが準備してきたことの発表会にならないように工夫する、という点です。準備したことを基に、話し合いが活発に行われることが、役割を設定するねらいなのです。したがって学習者は、きらりと光る文学性を見つけるだけでなく、それを仲間にどうやって提示するかまで考えて話し合いに臨みます。

例えば、寺田が勤務する大学の授業の中で行ったリテラチャー・サークルの様子を紹介しましょう。毎年、国語科教員を目指す学生たちに、ダニエルズのリテラチャー・サークルを実際に体験してもらっています。「少年の日の思い出」(ヘルマン・ヘッセ)を教材とした活動で、その日の「文学性に光を当てる人」は、次の一節を選び、提出しました。

そうした微妙な喜びと、激しい欲望との入り交じった気持ちは、その後、そうたびたび感じたことはなかった。

担当者は、「『微妙な喜びと、激しい欲望との入り交じった気持ち』という表現が、なんだか生々しくて、目立っているので選びました。」と、選んだ理由を述べた後、「こういった気持ちってどんな気持ちなんだろう?」と参加者に投げかけました。「寝不足で帰宅した時に布団に倒れ込むような時に感じる気持ちと似ている。激しい欲望だよね。」といった考えなどがいくつか出される中で、ある参加者が疑問を述べました。「微妙な喜びって何? 微妙っていうと「この味はちょっと微妙」っていうようにマイナスの感じがするのだけど……。微妙なのに喜びってどういうこと?」たしかに不思議だ、と参加者が考え込みます。するとその日の「言葉の魔術師」が辞書を引きました。「微妙には、「細かい所に複雑な意味や味が含まれていて、何とも言い表しようのないさま」という意味や、「美しさや味わいが何ともいえず優れているさま」という意味があるよ。」参加者たちは、口々に、「あぁ、なるほど」と納得します。「微妙な喜びというのは、あまりうれしくないという意味ではなくて、喜びが繊細で何とも言い表しようがないということなんだ。」そして、「文学性に光を当てる人」が最後にまとめます。「つまり繊細な喜びと激しい欲望が入り交じるような気持ちの組み合わせが、たびたび感じることのない珍しい体験だったんだ。」以前より、若い人の間で「微妙」という言葉は、否定的な評価を表す言葉として、「今ひとつだ」「奇妙だ」といった言葉の類義語として使われています。

近頃は、それがさらに進んで、巧みだとか優れているとかいった肯定的な評価を表す言葉としての意味が失われつつあるようです。学生たちにとって、この短いやりとりは、自らの語彙感覚を再考する機会となりました。

ダニエルズのリテラチャー・サークルの役割は、話し合いを活発にするための手立てです。役割の仕事が明確なので、特別な導入プログラムを用意しなくても、読者が活動に取り組みやすいという利点があります。さらに重要なことは、話し合いが自然と学び合いになっていく、という点です。協同的な学習集団を作っていくためには長い時間がかかります。けれども学習の目的と方法（手立て）とが明確であれば、学習者は自然と協同的に振る舞うのです。

もちろん、役割による話し合いによって実現する学び合いは、一時的なものであり、「ほんもの」の協同性とは言えないかもしれません。ショートは、ダニエルズのリテラチャー・サークルを「課題と役割とがグループのメンバーを分離する」、「思考や、対話に耳をかたむけるような話し合いを締め出してしまう」、「役割の課題をこなすという貢献だけになり、単に協力して一緒に作業するだけとなる」と批判しています。ショートが目指す協同的な学習環境は、一人ひとりの学習者の変容を求める教育観に基づいています。

たしかに手立てを与えることでお手軽に実現する協同性であれば、学びへの関わり方を変容させる力は不十分であると言えるでしょう。ダニエルズの本がよく読まれたので、リテラチャー・サークルは当初、役割をもって参加する学習活動だと理解されました。そして、役割のワークシート集だけが冊子として刊行されるような状況となりました。ダニエルズ自身も、自らの意図と異なり、役割シートを代わる代わる読み上げるだけで、決して本当の会話を行っていないような機械的なブッククラブ（話し合い）が増加したことに戸惑いを表明しています。ダニエルズも、あくまで役割シートは過渡的で一時的な手立てであることを想定しています。

役割を分担するリテラチャー・サークルは、こういったタイプの学習の経験がない学習者に、何をすればよいのかはっきりと指示できることで、活動に取り組みやすいという利点があります。また、学習者が自然と学び合うような振る舞いを導くという利点があります。こうしたメリットと、機械的な活動になりやすいというデメリットを見極めた上で、話し言葉による感想の交流のための導入プログラムとして利用することが妥当だと言えます。

（5）　感想を交流する意義

感想の交流の具体的な例として、太田正夫の「十人十色を生かす」方法や読書会、ブッククラブ、リテラチャー・サークルを紹介しました。感想の交流によって読書をコミュニケーションの中に位置づけることで、一人で読むことの意義に加えて、対話による充実感が生まれます。端的に言うと、感想の交流は読書の楽しさを実感する場となります。

では、感想の交流は、学習意欲を高めることに加えて、読むことの学力を育むという面でどのような貢献を果たせるのでしょうか。これは、対話が読む力をどのように育てるのか、という問いに言い換えることができます。対話とは、ただ参加者が自分の意見を述べ合うことではなく、自分と相手との考えの違いに気づき、質問し、その上で合意を形成していく過程です。

感想の交流では、異議申し立てが、解釈を深めたり、〈誤読〉を訂正したりする力となります。異議申し立てが起こるためには、焦点化された話し合いでなければなりません。また、参加者は妥当性を検討できる根拠を示さなければなりません。感想を交流するための様々な手立ては、参加者が自然と異議申し立てを行うようになる手立てでもあるのです。

対話による探究は、一方で、合意に至るとは限らない失敗の可能性を孕んだ活動でもあります。けれども、「少年の日の思い出」の大学生の話し合いの例のように、時に参加者は奮闘しながらも合意を形成していきます。手立てを用いて解釈や感想を話し合い、合意を形成する活動は、決して容易な取り組みではありませんが、やりがいのある充実した取り組みとなります。特に、言葉の意味を吟味する話し合いは、「あー、そうか」といった納得を生み、合意を形成することができます。言葉の意味について考える機会になるということが、感想の交流を国語科の授業で行う理由となります。

もちろん異議申し立てや言葉の意味を吟味する活動は、一斉授業でも行われますし、行われるべきです。しかし話し言葉による感想の交流の特色は、一人ひとりの発言の回数にあります。四〇人の一斉授業と四、五人の小集団とでは、同じ時間の学習であれば、学習者にとって一〇倍の発言量の差が出ます。一〇倍の発言量の差は、一〇倍の読む力を養う経験の差でもあります。楽しみも一〇倍の差が出るでしょう。もちろん、このような単純な図式で説明できるものではありませんが、一斉授業の〈質〉を手立ての工夫によって感想の交流でも保証することができれば、学習効果を高めることが期待できます。

さらに重要なことは、一斉授業では他の学習者の発言に反応する責任が求められず、聞いているだけの構えとなりがちですが、話し言葉による感想の交流では面前の仲間の発言を無視したり、聞き流したりすることは許されないという応答責任が生まれるという点です。小集団ならではの応答責任性が、言葉の意味を吟味し、対話を促す力となるのです。感想の交流は、対話の力によって、読むことの力を育てる働きを期待できます。

7　読書能力の発達

住田　勝

(1)　物語の中に生まれ落ちる子どもたち

　この世界に生まれ落ちた子どもたちは、どのような経緯をたどって物語という方法を手に入れ、自律した物語を語る主体となるのでしょうか。あらゆる人間が、この世に現れ出るとき、言葉（そして物語）によって満たされた世界へと生まれ落ちます。子どもの誕生は、その周りへ有縁の大人たちを集わせます。そして彼ら彼女らは、例外なく、その自分たちの仲間として世界に招き入れられた、新しい「いのち」について数限りないおしゃべりをし、まだ言語を持たぬ嬰児に対して、絶え間なく話しかけ続けます。こうした言葉（そして物語）の海の中に生まれ落ちるのが人間なのです。物語とはその名の通り、「語り」という行為によって生成された言語作品です。野家啓一は次のように述べます。

人間が「物語る動物」であるということは、それが無慈悲な時間の流れを「物語る」ことによってせき止め、記憶と歴史（共同体の記憶）の厚みの中で自己認識（identify）を行いつつ生きている動物であるということを意味している。無常迅速な時の移ろいの中で解体する自己に拮抗するためにこそ、われわれは多種多様な経験を記憶にとどめ、それらを時間空間的に整序することによってさまざまな物語を紡ぎ出すのである。（野家啓一『物語の哲学』岩波現代文庫、二〇〇五年、一八～一九頁）

つまり、自分の存在を超えて永劫続く時間を想像できてしまうことから来る苦しみと対峙し、何とか折り合いを付けるための営みこそ「物語る」行為であり、その所産が「物語」なのです。物語ることによって過ぎ去る過去をつなぎ止め、自分の手の届かない未来を確かなものと考えたい人間たちの中に、子どもたちは在《あ》れ出ずるのです。子どもの誕生は、人間にとって最もリアルな「未来」に触ることができる場です。だからこそ、その生ける「未来」を抱き上げながら、さまざまなことほぎの言葉をかけ、その命の来歴を語り、その命の行く末を願う言葉をかけるのです。言い換えると、子どもたちは誕生と同時に、こうした人間的時間としての「物語」にさらされ、その物語の主人公として織り上げられ、その人生をスタートさせます。まさに「物語の中に生まれ落ち、物語としての人生を歩み始める」のです。とすれば、あなたがこの世に生まれ落ちたその瞬間から、あなたはあなたを取り巻く人間たちとの物語によって媒介された社会的関係の網の中に繰り込まれるわけです。私たちは単独者としてではなく、ともにその世界を分かち持つ伴走者の一人として、この社会に産声を上げるのです。それは、その誕生に先行して存在する物語の構造や様式とのつきあい方（読み方、語り方）を、人として生きるための必然として引き受けるということです。物語文法をフィルターにして世界をつかんでいくための実践が絶え間なく続くということです。それは人間的「生」にとって不可避なものだと言うことができます。世界中の教育課程に何らかの形で物語が組み入れられ、学習指導が試み続けられていることは、物語を読むことが人間存在の根源と関わる本質的なものであることの証左と言えるでしょう。

（2） 読書能力の発達の経路をどのように考えるのか

⑴スタンス論

では、そうした人間的時間を生き、あなた自身を見つめるための方途としての物語を読んだり語ったりする力は、どのような経路をたどって「発達」を遂げると考えられるのでしょうか。山元隆春は、文学の読みの能力の発達をとらえるために、読者の文学テクストに対する向き合い方（スタンス）の質的変化を徴標とした発達モデルを構築しています（山元隆春『文学教育基礎論の構築—読者反応を核としたリテラシー実践に向けて—』溪水社、二〇〇五年）。それは、物語テクストへの一人の「参加者」としての読者反応を生み出す「参加者的スタンス」を獲得するところから始まる発達モデルです。いわゆる「同化的読み」と呼ばれている読みの姿と重なります。物語の特定の人物の立ち位置に参入し、その物語を我がこととして生きる読み方です。そうしたスタンスと異なる向き合い方が、少し遅れて子どもたちの読書反応に表れてくると山元は言います。それが「見物人的スタンス」です。それは、子どもたち自身がなりきった登場人物を対象化し、その行動の是非やその理由についてあれこれ問いを立てながら探究しようとする態度として表れます。物語の筋が描く出来事や内容に「ついて」の反応と言ってよいでしょう。我がこととして物語世界を生きる子どもたちは、その世界を対象化し、それについて評価や吟味をする反応を生み出していきます。いわゆる「異化の読み」と呼ばれている読み方です。このような山元の成果を下敷きに、読書能力のモデル化を進めてみたいと思います。

⑵四つの読む力の原理

物語読者と物語テクストの間に生まれる「読む」という営みの「質」をとらえる観点として、次のような四つの読む力の姿を設定してみたいと思います。①物語内容を読む力、②物語構造を読む力、③物語の作り手と対話する力、そして④物語の読み手自身と対話する力です。この四つは、テクストと読み手との間で起こるコミュニケーションを考えるときに重要な読みの能力の徴標となるものです。

①テクストの内容を読む力

物語に描かれた世界をありありとイメージ化し、寄り添い、我がこととして物語を楽しむ力。物語を読む楽しみとは先ず以て、物語に描かれた世界に入り込み、その世界で出くわすさまざまな出来事、事件、人物を楽しむことにつきます。物語が描き出す世界を理解するために、読者はそれぞれが生活や読書を通して身につけたさまざまな知識構造を活用して具体的に物語世界を表象していきます。

②テクストの構造を読む力

しかし、そうした営みは、同時に次のようなそれとは異なる読みの機構を立ち上げていきます。つまり、そうした物語の快楽の向こう側に、そうした体験をはたらきかける作品の「しくみ・しかけ」つまり構造を発見していく力が動き始めるのです。それは、自分がなぜ感動し、説得されたのか。その根拠をテクストの構造の中に発見する力だと言ってよいでしょう。物語内容は、バラバラのそのつど全く形式の異なるエピソードとして存在しているわけではありません。そこにはある共通した構造が存在しているのです。描かれた情報内容だけに反応しているように見えて、読者のうちでは、そうした事件の連鎖を体制化している物語の構造への目配りが、意識されるされないにかかわらず動いているはずなのです。

③テクストの作り手（作者・筆者＝他者）と対話する力

ハラハラドキドキしながら物語に寄り添い、それがこんなにも見事なテクストの「しかけ」によって仕組まれたものであることを認識した読者は、そのテクストの構造に、ある種の「作為」を認めることができるかもしれません。見事に、意を用いて結構された表現を分析的に味わうということは、その見事さの中に、そのような表現を作り、語りなしたある主体と、その「息づかい」を、存在として見出すのです。そしてそれは、テクストの構造に媒介されながら、読者と作り手が対峙し、対話するコミュニケーションが立ち現れる可能性を示唆しています。つまり読解力は、読み手でありつつ、テクストの作り手として、テクストの構造について考えることをも当然のことながら含むのです。

④テクストの読み手（読者＝自己）を再構成する力

もう一つの要素は、読者自身の問題です。物語内容は、読者を非日常の世界に誘い、さまざまな体験を呼び起こします。読者は物語の世界に食い込まれたことによって励起される読書反応を抱きます。それは、物語世界に入り込みその世界を生きてみたことを、事後的に言語化して取り出す営みです。そうやって、自分が物語の読みに際してどのような体験をしたのかを意識の俎上に上らせるのです。つまり、読書は必ず、読んでいる「わたくし」を問い直し、何らかの読書反応を表明するように促すのです。そうした読書反応には、そのような面白い世界の作り込まれ方を分析的にとらえ、説明するような反応が、「感想」に付け加えられながら表明されるはずです。テクストに食い込まれた経験を、テクストの言葉のしかけを根拠にしながら解明する営みと言えるでしょう。すなわちテクスト構造を問うことが必然的に、そのように読まされている「わたくし」の経験の構造を問うことにつながるのです。

さて、作り手との対話はどのような読者経験をもたらすでしょうか。先ほど触れたように、読者の、テクストの作り手との出会いは、物語テクストの言葉によって織りなされた文目《あやめ》の中に、それをそのように織りなした作り手の「作為」を発見することによってなされる「対話」でした。したがって、ここで言う作り手というのは「現実の作者」ではなく、いわゆる「内包された作者」です。そうした作者を読者がとらえるということは、実は、表現分析とその意味付けを読者が行いながら、積極的に、そこに「作為」や「戦略」を見出そうとすること無しには成り立たない営みです。つまり、読者でありながら、「作者になって考えてみる」のです。それは、読者のあり方の問題としては大きな意味を持ちます。つまり、このとき読者は受動的な読み手ではなく、そのテクストの語りの主体性をも分かち持つ、表現する主体として読書空間に立つということを意味しているからです。物語を読むことは、物語読者として受容するばかりではなく、物語の語り手という主体性を子どもたちが身につけていく、かけがえのないレッスンの場でもあるのです。物語が、人間的時間を生み出しコントロールする唯一の術であるならば、子どもたちが物語の学習を通して獲得すべきは、そうした物語の語り方に他ならないでしょう。

（3）読書能力の発達モデル――四つの読者

さて、そうした四つの読みの力の原理を、発達モデルとして組み上げていきたいと思います。注意してほしいのは、ここで紹介した、四つの読みの力それ自体は、何ら発達的順序性を持つものではないということです。「内容」、「構造」、「作者」、「読者」は、物語に親しみ始めた幼児から自律的読者としての大人まで、すべての読者の読書行為ではたらく普遍的な力のはずです。その表れやはたらき方に発達的特徴があるだけなのです。内容を読まない読書もなければ、構造が機能していない読書反応もありません。意識できなくても作者の作為に食い込まれて読んでいるわけで、どんなに素朴でも、読者は読書によって少しずつ変わるのです。その意味で、ここで説明した四つの読みの力は、読書能力をとらえるための原理だと言えるでしょう。これらがどのように学齢発達の物差しの上に構造化できるか、その「試案」を述べていきたいと思います。

⑴【読者0】幼児期〜小学校一年生（入門期）……虚構体験としての遊び、読むこととしての遊び

①物語の世界に「住む」……生活世界と物語世界の融合

【読者0】は、書き言葉を介した読書が始まる以前の子どもたちの読書能力を性格づけるために設定したステージです。物語の中に生まれ落ちた子どもは、生活の中で物語の「声」と出会います。周囲の大人たちからの呼びかけは、生活の用でありつつも、幾分そこに特別な「語り」が含まれています。物語とは、日常とは少し異なる特別な世界を作り出す一種の魔法ですが、それは、子どもたちの上に、まずは大人たちの「声」の振る舞いとしてもたらされます。大人たちが自分をあやすときの声、人形や犬や猫に呼びかけ話しかけ、また人形や犬猫の声音を使って自分に話しかけるときの声。そう

した「虚構の声」の中に、プリミティブな物語が胚胎していくのです。つまり、子どもたちにとって、物語は本の中に見出されるずっと前から、彼ら彼女らが寝かされたベビーベッドの周辺のぬいぐるみたちを使いながら大人たちが語りなす、そこここの日常生活空間にあるのです。そうした特別な「語り口」を、子どもたちは、次第に大人たちが自分を膝の上に乗せて語って聞かせてくれる絵本の読み聞かせの中に見つけていくことでしょう。「本の声」（マーガレット・ミーク『読む力を育てる―マーガレット・ミークの読書教育論―』こだまともこ訳、柏書房、二〇〇三年、四〇頁）の発見です。物語を奏でるすてきな色彩と図像、そしてスペシャルな「声」の旋律に、身を委ね、心地よい興奮とやすらぎの中で、子どもたちは乳児期から物語の原型を獲得していきます。生活空間と物語空間はこのように隣接し、滲み合い、溶け合っています。それは、子どもたちが三歳から四歳になって、集団のごっこ遊びに耽りながら物語を楽しむようになってからも続きます。就学前の幼児期の子どもたちと物語世界とのつきあい方を、大人の「眺める」行為と対比して「住む」営みであると位置づけたのは守屋慶子でした（守屋慶子『子どもとファンタジー―絵本による子どもの「自己」の発見―』新曜社、一九九四年）。幼児期の子どもたちは、物語の世界に住むのだと。本章の冒頭、すべての子どもたちが「物語の中に生まれ落ちる」という表現で、人間と物語の根源的なつながりをとらえようとしました。物語という方法は、人間に、分節された時間と空間を与えます。つまり子どもは、物語を通して、物語としての生活世界を生き、とらえ、その中で成長を遂げていくのです。幼児期の子どもたちにとって、語られる物語を耳にしたり、絵本の絵を読んだりしながら楽しむ物語は、彼ら彼女らの生活世界とほぼ完全に溶け合っていて、普通それを対象化して吟味するということが困難な状態なのです。

②読むとは遊ぶことである

このような物語世界と生活世界とが、「遊び」を媒介項としながら融合した段階にある読者を、【読者0】と呼ぶことにします。この段階における子どもたちは、物語の舞台を自分（たち）が使うことのできる遊びのフィールドと見なし、ごっこ遊びとして仕立て直しながら遊び込んでいきます。その際、物語の設定は、その遊びに方向性とまとまりを与える緩やかな制約として機能しています。

このような視点に立てば、就学前の子どもたちの読書生活をとらえるときの有力な視点として「遊び」は重要なキーワードでしょう。マーガレット・ミークは、絵本のような幼児向けの物語メディアを子どもたちが「遊びの一環」として楽しんでいることを指摘しています（ミーク前掲書）。もちろん、子どもたちの生活を満たす数々の楽しい経験としての読むことは、私たち大人にとってさえ有力な「遊びの一種」でしょう。しかし、もう一歩踏み込んだ言い方をすると、幼児期の子どもたちにとっての物語は、「ごっこ遊び」のような様式の中でこそ、最も輝き、機能しているという言い方ができるかもしれません。つまり、そこに物語テクストを共有する仲間がいて、強力で柔軟で、時に彼ら彼女らに語りの主導権を適切な形で手渡してもくれる保育者がいて、実際に物語の時間と空間をその身を以て演じていく、つまり生きていく体験が丁寧に作り込まれているからです。

こんな言い方ができるかもしれません。この時期の子どもたちにとっての物語テクストとは、遊びの様式を通してのみデコードされ、意味を生成しうるものである。つまり、「読むとは遊ぶこと」なのです。最初に述べた、「物語の海に生まれ落ちる子ども」という比喩は、幼児教育の文脈で引き受けられ、「ごっこ遊び」を保育活動として組織することによって、より鮮明な強化を与えられます。子どもたちは「物語の時間を生きるための身体技法」を、幼児期に繰り返し強化されるのです。やがて子どもたちは、物語とのつきあい方を決定的に変えていく、大きな節目に行き当たります。「就学」です。児童期の子どもたちに提供されるのは、「物語教材」です。その児童期の物語学習の「入門期」がどのような「物語教材」によってデザインされているかを検討することによって、発達の道筋をつないでいきたいと思います。

③入門期――「幼児期」と「児童期」をつなぐステージ

入門期を代表する国語教材として、小学校一年生の子どもたちが等しく国語教室で出会う物語「大きなかぶ」を取り上げてみましょう。この物語は、初等教育における物語学習の入門期教材として、どのような「入門期性」を備えているでしょうか。最も特徴的な構造が、とてつもない大きなかぶを引く行為を中心としたユニットが何度も反復されるということです。この物語は、登場人物の登場ごとに大きなかぶを引く行為が反復されます。もちろん、そこには、だんだん人数が増える「正のエスカレーション」と、逆に、どんどん小さな弱い人物が加わっていく「負のエスカレーション」も組み込まれています。しかし基本的には同じことが繰り返されるだけで、前のことが後のことを必然的に因果関係的に引っ張りだしていく展開力を持っていない物語であると言えます。逆に言うと、物語の出来事を因果関係としてとらえる力の弱い段階の読者にとって、同型反復の物語は大きな力添えをもたらす構造であると言うことができるかもしれません。タッカーは、三歳から七歳にかけて、つまり幼児期から児童入門期に読まれる昔話の特徴について次のように述べます。

また、できごとなどは、とくに論理性がないままに次から次へと起こる。子どもが話をするときのように、物語はその時々の説明が加えられるというより、むしろ偶然によって続行していく——つまり、できごとが生ずる理由とか事情はないがしろにされて、「そしてそれから……そしてそれから」というふうにつづいていくのである。（ニコラス・タッカー『子どもと本』定松正訳、玉川大学出版部、一九八六年、一三四頁）

こうした特徴は、就学前の子どもたちの読書能力と相即しています。この段階の子どもたちの多くは、自分の身の回りのできごとはもちろん、物語の因果関係をまだ充分にはとらえられないと考えられます。そうした段階の子どもたちが物語を充分に楽しむための仕掛けが、ここで紹介した同型反復構造であると考えられます。一つの反復ユニットからなる一つの場面が、次の場面とほぼ同じ形で登場する。モンタージュ効果によって、加えられた変化が重要な「差異」として読者の意識面に浮かび上がりやすくなります。その「差異」の積み重ねの上に、「大きなかぶ」の物語体験は成立しているのです。

こうした物語の仕組みとの出会いそのものは、多くの子どもたちにとっては幼児期の集団保育や家庭での読み聞かせですでにくぐり抜けてきているはずです。この就学期の子どもたちが、初等教育の場面でもう一度そうした「おなじみの物語」と出会い直すのは、こうした物語を、今度は「書き言葉」として受け止めていく段階だからだと言ってよいでしょう。絵本の絵の力を借り、読み聞かせの話し言葉として、そして前項で見たように「ごっこ遊び」を通して出会ってきた同型反復物語は、就学期の子どもたちにとって新しい挑戦ではなく、今まで充分に親しんできた物語の形式であり、それを足がかりに、未ださまざまな困難を突きつける「書き言葉」へと取り組みを進めるのです。

(2)【読者Ⅰ】小学校二年生〜小学校四年生——「テクスト」と対話する読者

さて、幼児期と児童期をつなぐ「入門期」を経て、子どもたちは、小学校における本格的な読書活動へと進んでいきます。それが【読者Ⅰ】のステージです。このステージは、小学校低学年に始まり、小学校四年生ぐらいまでに完成する発達段階として構想しました。先に掲げた四つの読解力の原理のうち、最初の二つがこのステージの成立に大きく関係を持っています。物語世界を我がことのように受け止め一体化していく「内容を読む力」と、そうした世界を対象化して、その仕組みを分析的にとらえる「構造を読む力」です。これら二つの営みは、一見すると全く逆のベクトルの相容れないはたらきのように見えます。しかし、テクストに向かって読者が接近することと、テクストを対象化して分析的に把握することとの間には、ある種の有機的循環が成立するのではないかと考えられます。近づくことが、対象化のきっかけを供給し、距離をとって見つめることが、次なる接近のヒントを生み出す。こうした読者とテクストとの間に生まれる接近と距離化の循環運動、つまり「読者とテクストとの対話」の成立こそが、【読者Ⅰ】という発達のステージの徴標なのです。

①「近づく＝なる読み」と「距離をとる＝見る読み」の循環モデル

山元の『文学教育基礎論の構築』で構築された読みの能力の発達モデルの出発点は、「参加者的スタンス」の成立、つまり、物語への同化的接近を行う能力の発達という徴標でした。そしてその次のステージとして「見物人的スタンス」、いわゆる異化の読みの成立を配置していました。この物語の状況に接近して、その世界を我がことのようにとらえる「なる体験」と、そうした体験を引き起こす物語のあり方、テクストの文目を対象化して吟味する「見る体験」とは、一体どのように関わり合っているのでしょうか。前者から後者へ、子どもたちの反応の中心傾向がシフトするという説明だけでは、その二つの読み方がどのような関係を持ち、その関係がどのように変容するのかということが明らかにはなりません。

そこで、この二つの相異なる読みの作用の「関係」を左のような図式でとらえてみようと思います。読者（自己）は、「作品」（他者）と向き合うとき、二通りの関わりを持つというのがこのモデル図の趣旨です。一つは、山元の言う「参加者的スタンス」＝「なる」体験です。これは、読み手が、読み手にとっての異質な「他者」としての「テクスト」に、一体化を目指して接近していく、「近づく」営みであると言うことができます。それは言わば、「解釈」という行為です。もう一つは、そうした解釈的関わりとは異なるベクトルを持っています。図の中ではそれを「距離をとる」営みと呼びます。山元の言う、「見物人的スタンス」に当たります。この営みは、文字通りテクストから離れて読む方法です。解釈的アプローチが、テクストという異界＝他者への、存在をかけた接近であるのに対して、テクストを対象化して分析していく営みです。テクストの構造分析をするとき、テクストに接近し、没入している状態では困難です。距離をとり、眺め、測定して、ようやく見えてくるのです。このモデル図は、読者（自己）と、彼や彼女が対峙するテクスト（他者）の間に起こる対話の経路として、「解釈的接近」と、「分析的対象化」の二つの営みが存在しているということを表現しています。問題は、その二つのはたらきの関係です。この図では、この二つのはたらきが、テクストと読者の間を円環するように描かれています。読者は、テクストを読む際、読者としての自己存在をかけて対象であるテクストに向かって接近を試みます。それが物語を我がこととして「生きる」営みなのですが、そうした解釈体験は、「直観」であり、本来言語化不能です。言語とは、経験を事後的に対象化してつかみ直す作用ですから、

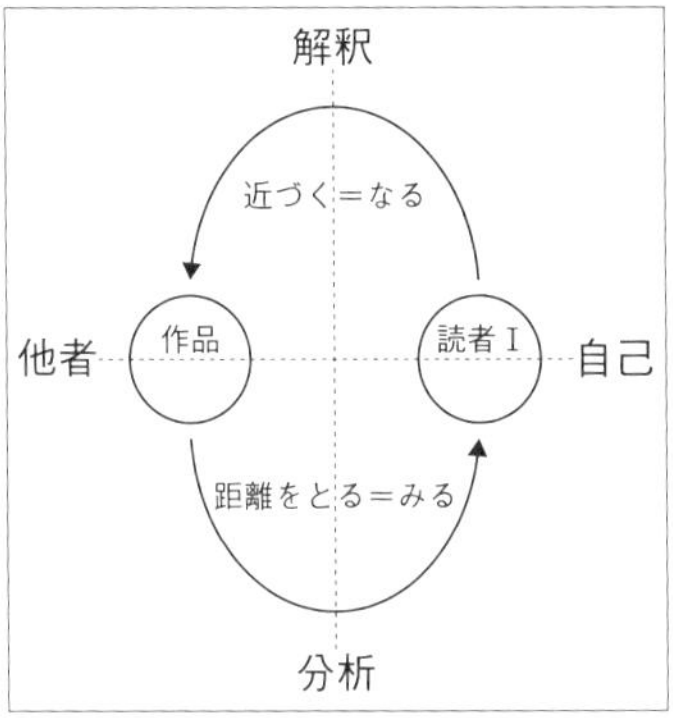

【読者Ⅰ】読書能力の構造モデル

その作用によって、読者は、物語に接近して生きた経験を、事後的にとらえ直して意識面に送り出し、語りうるものへと再編成していきます。そうやって「物語について語る」のです。その作用こそが、「距離をとる」営みです。言うなれば、テクストに近づく営みは、その近づいてつかんだものを言語化してとらえ直すプロセスによって、間接的にしか表現できないものなのです。個人的な解釈的体験が、この世界に生まれ出て社会的に位置づけられるためには、言語による分節、分析作用を経なければならない。個人的な体験としての解釈を、彼や彼女が参加している社会へと開く唯一の方途が分析という行為なのです。つまり、解釈は分析を待っている営みなのです。しかし、このことが円環運動となるためには、そうした言語による分析が、次の解釈（テクストへの接近）を導く必要があります。物語へ参入し、その時間を生きる読者。その生きた時間を分析によってとらえ直し、言語化し再話することを通して、その読者は解釈共同体への参加を果たします。そうした読みが参加者すべてによって提出され、参照可能な状態で提示されたとき、この図では矢印はちょうど作品から読者へとループして戻ってきています。このとき、読者たちの前には、最初の「近づく」営みに挑戦したときには見えなかった景色が広がっているはずです。それぞれの物語体験を言語によって分節した成果としての複数の「読み」が、ふわふわと浮かんでいるはずです。それを一つの足場にして、導きとして、読者は物語への参入を再度試みます。解釈は分析を待って意識の明るみに出現し、分析は次なる解釈への足がかりになることによって意味をなすのです。このことは重要です。なぜならば、分析する力の育成を標榜する国語の授業が、単なる分析ごっこに終わるケースが少なくないからです。分析することで、何らかの解釈が発火すること。そうした火花散る解釈を、分析もまた待っているのです。

②【読者Ⅰ】のサブステージ①教師による足場作りによって分析と解釈を循環させる段階

さて、この【読者Ⅰ】のステージは、多くの子どもたちの上に、小学校四年生の終わりぐらいまでに形成されるべきものではないかと考えています。しかし、このような能力を備えた読者が教室に現れるまでには、もう少し細かい発達段階を設定する必要があると思われます。それは、こうしたいわゆる「解釈学的循環」が、自覚的な読書能力として子どもたちの社会的な振る舞いとして成立するために必要な、「発達の最近接領域」の設定を意味しています。子どもたちの読書能力の発達は言うまでもなく教室という「社会」の関係の網の目の上に兆し、その関係の中にその姿を現すからです。彼ら彼女らは切り離された「単独者」としてテクストと向き合うことは決してなく、その解釈も分析も、彼ら彼女らが関係を結んでいる「教室」という共同体に媒介されて初めて成立する営みなのです。その意味で、読書は社会的な営みです。そもそも、彼ら彼女らが手にして読むテクストもまた、社会的に構成された生産物なのです。読書とは、そうした社会的生成のプロセスへのさまざまな形での参加であると、おおざっぱに言うことができるでしょう。そこで、テクストと対話する能力の完成を発達の節目とした【読者Ⅰ】のステージを、次のような二つのサブステージとして分割してみようと思います。

①　分析の観点を外部から与えられて分析を行い、より豊かな解釈を生み出すことで物語を楽しむ段階
②　分析の観点を内面化し自らの解釈をより豊かに変容するために意識的に主体的に分析を行う段階

①は、子どもたちが作品に向かって近づいていくとき、その手助けとして、主に教師の手によって、明確なガイドを与える必要がある段階です。入門期によって幼児期から丁寧につながれた子どもたちが、小学校における本格的な読みの学習をし始める時期、具体的には小学校二年生ぐらいを想定することができるでしょう。もちろん、一人ひとりの子どもたちは、当然その時点での身の丈に応じて、物語の世界に接近し、その世界を生きることができます。しかし多くの場合、自分自身の物語体験を筋道立てて説明することには習熟していません。つまり、この段階の子どもたちには、自分自身の「いのち」がたどった経歴としての読書体験を、言葉にして再話する論理や語彙、つまり「分析言語」が未発達なのだと思われます。そして、まさにそうした物語について語るための専門言語＝「分析言語」の習得と活用こそが、【読者Ⅰ】の完成期の姿なのです。そこに至るステップが、子どもたちがまだ自覚的には持ち得ていない分析の方法を、外部から支援によって、少しずつ使ってみる営みなのです。

子どもたちに提示される「分析言語」は、たとえば、「人物」や「場面」といった物語の基本構成要素などが挙げられるでしょう。すべての物語には物語の時間を生き抜く「人物」がいて、その人物のくぐり抜ける時間は、必ずいくつかのまとまりに分節されている。つまり「場面構成」されている。比喩的に言うならば、「場面」とは、流れ去ってゆく物語の時間を押しとどめ、滞留させる「堰」を設けるようなものです。滞留した、減速させられた時間の上に、物語のドラマの柱となるような出来事、事件が描かれます。物語を生きる「人」に対する感受性を育むこと、その「人」が生きていく物語的時間の差配に対する感受性を育むこと。この二つこそが、おそらく物語の読みの力の最も大きな軸となる学力なのではないでしょうか。【読者Ⅰ】のサブステージ①、つまり教師によって基本的な分析の観点が足場として提供される時期。この頃子どもたちが国語教科書で出会うのが、「人物」設定を軸に読み進めるのに適した「スイミー」（レオ・レオニ、谷川俊太郎訳）であり、同型反復された「場面」を手がかりに読みを進めるのに適した「お手紙」（アーノルド・ローベル、三木卓訳）なのです。小学校二年生の代表的な二つの教材が、奇しくも物語を構成する最も重要な要素としての「人物」と「場面」の学習に好適な構造を備えているのです。この時期に、教師ができるだけ積極的に、「距離をとる読み＝見る読み」をするための観点と分析の方法、すなわち「人物設定」を意識しその変容をとらえたり、「場面の反復や対比」を見つけ意味付けたりする方法を、子どもたち全員の作業課題として手際よく提供し、そうした分析言語の使用によって、できるだけたくさんの子どもたちに、彼ら彼女らの素朴な解釈を揺さぶり、変容する成功体験を持たせることが求められているのです。こうした外部から与えられた分析の方法を繰り返し適用することで、徐々に子どもたちは、物語の仕組みやしかけについての「メタ認知可能な」、つまり自覚的な使用が可能な読みの方法を内面化していきます。子どもたちを待ち受けているのは、次のステージです。つまり【読者Ⅰ】の完成期です。子どもたちの物語の作りやしかけに関する感受性が、いかに自覚的な分析と解釈の能力へとつながっているかを考えてみるために、次のようなとても有名な教材を取り上げたいと思います。

③【読者Ⅰ】のサブステージ②「解釈」と「分析」の自律的循環――「モチモチの木」の衝撃

小学校三年生の三学期に学ばれる「モチモチの木」（斎藤隆介）の冒頭部は次のようなものです。

> 全く、豆太ほどおくびょうなやつはない。もう五つにもなったんだから、夜中に、一人でせっちんぐらいに行けたっていい。

この「モチモチの木」が持つ最大の教材性は、この冒頭部の人物設定にあります。たとえば「スイミー」のように物語における重要な諸設定が、冒頭部にしつらえられることがあります。ここに引用した冒頭部では、中心人物「豆太」の人物設定を、その周辺の人物（じさま）やアイテム（モチモチの木）との関係とともに述べています。さて、このような人物設定がされたとき、そして、物語のこの部分だけを提示され、このあとの展開を知らない場合、読者は、この物語の展開に、そして結末に、どのような期待を抱くでしょうか。実際に、「モチモチの木」が教科書に採録されていない地域の小学校で、一緒に取り組んだことがあります。ほとんどすべての子どもが、この物語を通して、豆太は、己のおくびょうな心に打ち克ち、勇敢な少年へと「成長」を遂げる大団円のラストシーンを思い浮かべたのです。

なぜ彼ら彼女らは、この「全く、豆太ほどおくびょうなやつはない。」という書き出しを読んだだけで、豆太の変容を容易に想像できるのでしょうか。誤解を恐れずに言えば、そうした反応、おくびょう豆太が、おくびょうを克服する話を期待する読み手こそ、物語読者として「発達した」読者なのです。つまり、そうした反応を支える、読者が持つ読書のための資産こそが、「おとうとねずみチロ」や「スイミー」以来、子どもたちが学校教育において営々と出会い、内面化してきた物語文法の基本形なのです。冒頭部に設定された中心人物の抱えた困難をとらえること。これが中心人物に寄り添い、「なってみる」ための不可欠の分析です。そうすることで、それぞれの場面において新たな事件に遭遇するときの人物の気持ちを、その人でもないのに想像することができるようになるのです。

しかし、さらにもう一つのことを強調しておきたいと思います。冒頭部の人物設定をとらえるということは、実は、その人物が物語を通して対峙し、解決していくことになる「課題」を鮮明にとらえるということを意味しているということです。これは、子どもたちが出会う多くの物語に当てはまる、汎用性の高いコードであろうと思われます。「スイミー」は、みんなと一人だけ違っているために、ひとりぼっちになってしまったスイミーが、その境遇を克服して、もう一度仲間との幸せな生活を回復していく話です。主体としての人物がいて、その人物が抱えた課題なり問題なりを解決するために行動したり、出来事に巻き込まれたりしながら変容していく。しかもそれは冒頭部の設定に沿う形で変容していく。それが、小学校三年生までに反復しながら学んできた物語文法なのです。つまり、多くの子どもたちが、豆太がモチモチの木を克服する結びを想像するのは、そうした先行読書経験があり、それを力強い「分析コード」として内面化するように継続的にはたらきかけてきた、国語教室の成果なのです。

ところが、この物語の結びは、そのような「分析コード」の使い手」としての小学校三年生三学期の子どもたちにとってみれば、かなり意外なものであるに違いありません。

——それでも、豆太は、じさまが元気になると、そのばんから、
「じさまぁ。」
と、しょんべんにじさまを起こしたとさ。

先の実践では、ここに引用した結びの表現のみを隠して、「モチモチの木」の読解の授業を行い、最後の表現が（教師の手違いで）印刷されていないことを告げ、各々、まだ見ぬ結びの一節を創作させました。その反応のほとんどが、すでに述べたように、「豆太がおくびょうを克服する成長物語」を基盤としたものだったのです。それが、彼ら彼女らにとっての内面化された分析コードを適用した結

果生成される、安定した解釈に他ならないからです。それを交流した直後にこの表現をぶつけます。子どもたちの読みは一気に不安定化します。そしてこの結びの表現を、物語の全体の中に、合理的に織り合わせるために、子どもたちはものすごい勢いで「モチモチの木」の再読を始めたのでした。この教室の子どもたちの上に起こっていることを一言で言えば、手持ちの「物語文法の破綻」です。しかし逆に言うと、こうした混乱を味わい、戸惑うことができる、ということが、彼ら彼女らが【読者Ⅰ】のステージにあることの証左です。子どもたちは、この結びの表現によってずらされ、惑乱される既有の知識構造を持っている。期待し、待ち構えるためのスケールを、意識的なレベルで内面化し、そして物語を楽しむために実際にそれを使っているからこそ、この結びのずらしに引っかかることができるのです。冒頭の設定で明示された「おくびょう豆太」が、「じさま」を救うための英雄的な活躍が演じられる山場を経てもなお維持され、「おくびょう豆太」のままで物語が閉じられる。この不合理なラストに食い込まれ、挑発されることで、子どもたちの読みの快楽は、よりいっそう活性化していきます。強固なパターンを読者が身につけるということは、無個性な機械的な分析作業に習熟するということではありません。「型」を持つことで、私たち読者は、物語表現に対する読者反応の自由度を飛躍的に拡大することができます。そのテクストが、おなじみの方法のどこを逸脱して、どんな「変化球」を投げようとしているのかが見えるからです。「型」を持たない読者にとって、そうした逸脱は意味を持ちません。彼ら彼女らは、物語に描かれた「内容・事柄」に反応することしかできないのです。「作られたもの」としての物語の「仕組み」それ自体に反応すること。中学年とは、物語の諸要素が織りなすスキーマを自覚的な学力として内面化する時期であり、「モチモチの木」がしかけるような「物語文法の破綻」を楽しむことで、分析ツールとしての「物語文法」の精度を高めていく時期なのです。

こうしたテクストが読者にしかけてくる種々の「ゆさぶり」を受け止め、すでに内面化した分析のための資産である「物語文法」を更新し続けることは、「解釈と分析の循環」という「テクストとの対話」を遂行する上で、よりいっそう自覚的で意識的な分析と解釈の言語化を求めてきます。こういったテクストの読者への挑発がより鮮明になされ、それに応えるように、読者がより分析的な言語化によってシャープな解釈の表明ができるようになるステージこそが、【読者Ⅰ】の完成なのです。

(3)　【読者Ⅱ】小学校五年生～中学校一年生――作り手との対話

【読者Ⅱ】の成立は、小学校高学年から中学校の前半（中一）ぐらいをイメージしています。このステージでは、「作者と対話する力」と「読者を再構成する力」がより強く強調されます。すでに述べたように、「作者」＝他者に向かって対話をしかけることによって、「読者」＝自己の輪郭は鮮明に浮かび上がるからです。他者としての作者の立ち位置に立ち、作者をくぐってみることの向こうに、そうした作者のはたらきかけとの関係でそのように読まされている「わたくし」を、私たちは発見するでしょう。「作者（他者）」に向かって接近を試みることと、その結果として読者（自己）を析出し、とらえ直すことは、やはり一つの循環構造を描きます。すなわち「作者の表現の工夫を作者になって考える」営みと、そのことをひとりの読者として意味付け価値づける営みは、もはや別々には分かちがたい、コインの裏と表のように随伴する営みなのです。【読者Ⅱ】とは、そうした意味での「作り手との対話」が成立することを、その発達の徴標としてとらえることができるステージなのです。

たとえば、小学校五年生教材の「わらぐつの中の神様」（杉みき子）を例にとって考えてみましょう。

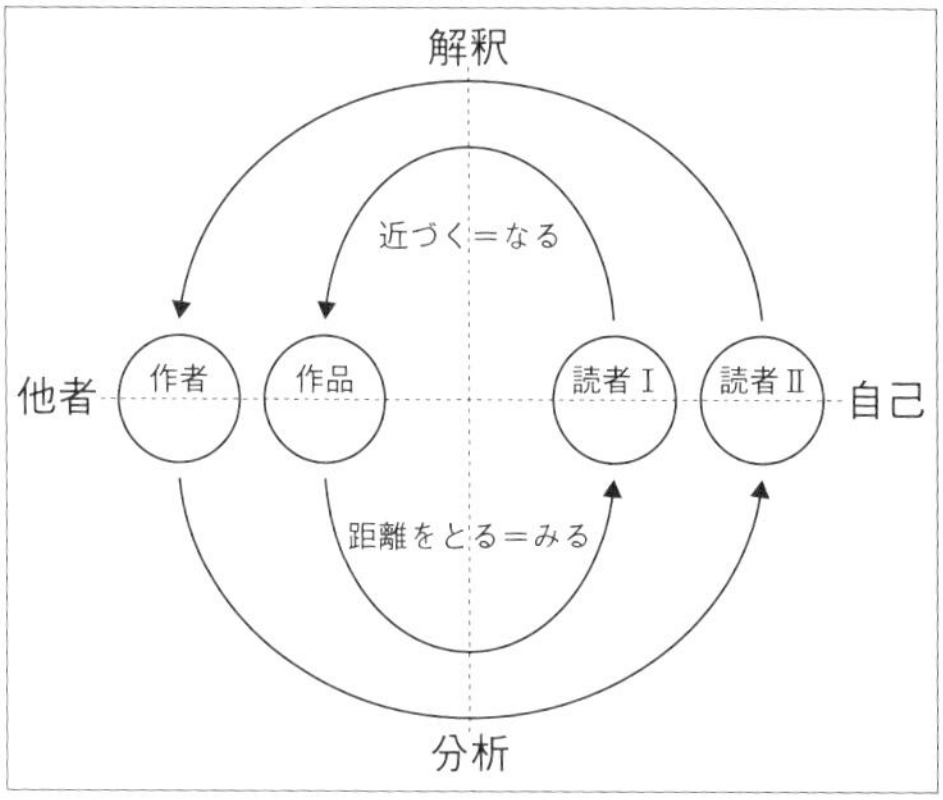

【読者Ⅱ】読書能力の構造モデル

この物語の冒頭は、「雪がしんしんとふっています。」という一文一段落の表現から始まっています。なぜ改行を入れたのでしょう。続く第二段落、「マサエは、おばあちゃんといっしょにこたつに当たりながら、本を読んでいました。」という舞台設定とつながる表現ですから、別の段落にしなければならない理由は見当たりません。しかし、最初の一行が、短い一文だけで改行されている。そこに、もしも何らかの「作為」を認めることができたとしたらどうでしょう。このステージにおいて子どもたちがチャレンジし始めるのは、つまりこういった読み方です。すべての物語は人間によって作りなされ、語られた物語の表現は、すべて意を用いて選ばれ、構築されたものである。すべてが作り手の「作為」である。

この作品では、冒頭の一文で、真冬という時間設定と北国という空間設定を見事に成し遂げるのですが、「雪」のそうした様子を、ただ設定に用いるだけならば、改行の意味はないと言ってもいいでしょう。この次に「雪」が出てくる表現が、第三段落にあります。「風が出てきたらしく、まどのしょうじがカタカタと鳴りました。雪がサラサラと雨戸に当たっては落ちていきます。」という表現です。この二つを比べてすぐに気がつきます。「雪」が変化するのです。音もなく降る雪が、風に吹かれて雨戸に当たってかすかな、しかし確実に音を立て始めるのです。この二つの「雪」に挟まれた第二段落に、この物語の重要な舞台設定がお茶の間の風景として描かれるのですが、その世界は雪に閉ざされた静かな世界です。まだ物語は動き始めていません。そして第三段落。雪が変化し、音を立て始めた瞬間、第四段落、マサエがおかあさんに向かって口を開き、それを境に物語の時間が流れ始めるのです。「雪」の形象は、言わばこの物語の場面展開のキューであり、語り手の語りの企てを反映した重要なキーワードです。ちなみに、この次の「雪」は、おばあちゃんが、「おみつさんと若い大工さん」の物語の口火を切ろうとするところ。もう一つが、結末部。ヒーローおじいちゃんが玄関先で雪下駄の雪をはらう音で出てきます。これは物語に描かれた内容だけに関心を寄せる読者には、何の意味もない分析です。しかし、小学校高学年の子どもたちが、このような工夫された語り手の語り口の意味を考え始めたとき、その子は、確実に「作り手との対話」モードでテクストと対峙していると考えられるのです。

(4)【読者Ⅲ】中学校二年生〜中学校三年生――社会との対話

さて、このモデルは、もう一つ、先ほど検討した四つの読解力の原理で触れなかった要素を取り入れて、発達のステージを取り立てて構想しています。それが、【読者Ⅲ】です。義務教育の完成期、中学校二年生から三年生の間に到達することを目指すステージとして構想しました。ここまで述べてきた発達のステージの考え方は、それぞれが、何らかの「対話環」をなすものとして構想しています。すなわち、【読者Ⅰ】が「テクストとの対話」であり、【読者Ⅱ】が、「作り手との対話」です。それに引き続く、最終的な「対話環」として構想したのが「社会と対話する」ステージです。「社会との対話」とはどのような営みでしょうか。そしてそれは、今日の読書能力の発達モデルを描出する上でどのような意味を担っているのでしょうか。

平成二〇年度に公示された学習指導要領の、中学校三年生の「読むこと」の「言語活動例」に「ア　物語や小説などを読んで批評すること。」という記述があります。「批評」とはどのような行為を指しているのでしょう。一般的な「批評」という言葉の持つニュアンス、「作品

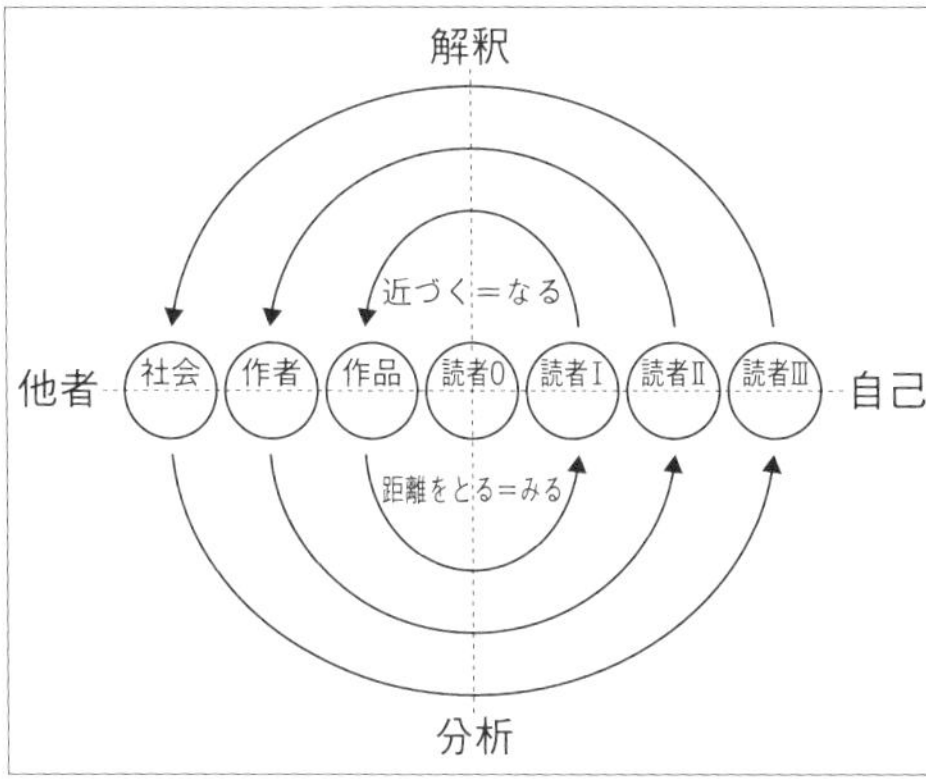

【読者Ⅲ】読書能力の発達モデル

の善し悪しについて批判的に評価する行為」とは少し異なった意味付けをしてみたいと思います。一つには、「批評」という行為は、高度に主体的な行為だということです。いわゆる空欄補充型のおなじみの設問に答える行為は、おそらく「批評」とは相容れないただの「作業」でしょう。他人に与えられたコマンドを正確に遂行することではなく、「批評」とは、どこまでも「わたくし」の上に発火した、「わたくし」の生成し選択した、「わたくし」の判断なのです。もう一つは、「批評」は社会的な実践だということです。「批評」という行為は、読者の内的世界にとどまることはできません。「批評」は、言語化され、その言語を受け止める言語サークルに向かって発表されなければならないからです。それは、個人の読み（解釈）を、自分以外のメンバーに、合理的に説明する責任を負うということを意味しています。説明のための根拠を差し出し、その根拠を言語化された解釈に結び合わせて、聞き手に理解可能な形で表明しなければなりません。つまり「批評」は、社会的実践なのです。もちろん、「批評」という段階ではない、感想を言い合ったり、協同で分析をしたりするシーンでも、それは間違いなく社会的実践です。自分の見つけたことを他のメンバーに伝え、それが重要な発見であることを大なり小なり説得する責務を負うという点では、読書行為のすべての過程は、社会的な実践であり続けると言ってよいでしょう。しかし「批評」という行為は、そうした顔を突き合わせ、共同作業をする、「ワークエリア」を構成する「仲間」への表明と説得というミッションを超えて、より広範囲の、より歴史的な「ホンモノの社会」に向かって参加していくことを含んでいるように思われます。つまりそれは、作家が作品を書き、発表していくように、読者の一人である批評家は、「書評」

として、それを社会的に発表します。それは印刷され、場合によっては営利企業活動のコンテンツとなり、彼もしくは彼女は、それによって社会的報酬を受け取ります。それは、一つの「作品」を、巨大なイントラネットワークに向かって打ち放っていくことです。学習指導要領の文言は、中学校三年生がプロの批評家になるべし、ということを述べてはいません。しかし、社会に向かって自律的な読者として参加していく中学校三年生の読者には、そうした本格的な批評行為につながる、社会的営為としての読書について、自覚的な振る舞いを身につけてほしいということだと考えられます。

そもそも読書とは、「単独者」として「作品」と対峙する行為ではあり得ません。こと学校教育の文学の読みの授業において、私たちはほとんどすべての場面で、一つの物語について、複数の読者とともに語り合う慣習の中で、読書能力を洗練させていきます。テクストと一人の読者である「わたくし」の出会いによって火花が散った、何らかの内的体験としての「解釈」は、直ちに社会的な共通コードとしての言語によって分節され、言語化されることによって、それぞれの読者が現下に所属している読書サークル（学級、班、お隣さん）に表明されます。テクストについて語った言語を通して、私たちは、自身の解釈を社会的な意味として織りなしていくのです。今日の先進的な教育課程を支える社会構成主義を、言語的実践の代表としての「読書」へと接続してみたとき、次のように言うことができるでしょう。個人的な体験としての「解釈」を、言語を媒介として、社会的に拓いていく営みこそが「読書」である、と。しかしたとえば、次のように反論することができるかもしれません。読書は必ずしも、集団で行うとは限らない。むしろ教室の読解の授業を離れた場面では、読者は基本的にたった一人で読んでいるではないか、と。しかし、たとえたった一人で個人的な読書を楽しんでいるときですら、私たちは一人ではありません。そもそもテクストは言語で構成されたものであり、過ぎ去った過去の無数の表現行為、読書行為の反復の中で洗練された約束事によって構成された織物だからです。つまり、手に取ったテクストを読む行為は、今、ここにおいて、私によって遂行されてはいるけれども、それは、そのような行為を成り立たせている、今なお生きて動き回っている「死者たちの言葉」のサークルに参加することであり、「死者たち」との社会的実践を遂行しているのです。

私たちは「単独者」として、テクストの前に立つのではありません。むしろ社会的存在として、現下のテクストを分かち合う協同する読者たちと、共時的ネットワークを取り交わしています。また、時間と空間を超え、しかしなお、私たちの解釈の可能性を呼びかけてくれる分析コードや、間テクスト性を孕んだ先行テクストが、通時的ネットワークとして手助けし続けてくれています。こうした二つの経路によって、私たちは、社会的言語実践の主体としてあるのです。【読者III】とは、このような社会的実践を通して意味を紡ぐ自覚的な自律的読者としての主体が形成される発達のステージなのです。

（4）おわりに――もう一つのテクスト、もう一人の読者を差し入れる

物語の中に生まれ落ちる子どもは、やがて物語の「声」の魔法に気がつきます。そしてほどなく、

ごっこ遊びの中でその「声」を身体化していきます。ごっこに夢中になっている子どもたちは、遊びの中で特別な力を持った「語り」を手に入れ、そうすることで自分と世界の間を架橋し、過去と未来という時間感覚を手に入れます。素朴ながら、物語という身体化された方法を駆使して、子どもたちは自分と身の回りの仲間や大人たちを織り込んだ「現実」の織物を作り上げる能力を身に備えていくのです。

彼ら彼女らはやがて、書き言葉と書き言葉によってつづられた新しい形式としての物語との出会い直しを迎えます。就学を機に、「声」が、消えてなくならない、空間的な実在性を持った記号へと物語がバージョンアップします。それはとりもなおさず、対象化して、吟味するという分析的読みの発達に強い刺激を与える変化だったと言えるでしょう。テクストは分析すればするほど、新しい解釈の道を開いてくれます。そうした解釈的体験を言語化するためにさらに新しい分析行為が立ち上がります。

無限に続く解釈学的循環の中で、子どもたちはテクストの向こう側に、ある「作為」を見出すかもしれません。物語の語り手、その語りをもデザインした作り手の主体性に気がつくのです。作り手になってさまざまに考える子どもたちは、そうすることで、他ならぬ「わたくし」を析出していきます。他者になって、他者の表現を意味付けてみることで、子どもたちは、自己の方法を見つめていく契機を得ます。子どもたちが、一人前の読者として独り立ちするための旅は、いよいよ大詰めを迎えます。

彼ら彼女らが最終的にたどり着くのは、自分が参入している言語共同体に向かって、自己の読みを

「批評」として提示していく行為です。そこでは、解釈者としての主体性と、社会的実践の責務を担う分析的合理的言語化能力が求められます。「社会と対話する」とは、読み手自身とテクストを、あるいは読み手とその属する共同体とを、もしくはテクストとそのテクストが読まれる社会とを、互いが互いを媒介項としながら、織物として織り上げる言語的実践に他なりません。畢竟読書能力の発達の物差しの終着点には、自律的読者の成立という目盛りが刻んであります。自律した読者とはどのような姿をしているのでしょうか。テクストと対峙する際に、通時的ネットワーク（死者の言葉たち）と共時的ネットワーク（協同する仲間たち）へのチャンネルを開くことができる読者です。先行するテクストとそこから抽出された分析コードを使うことで、個人的体験としての解釈は、社会的実践の場に姿を現します。しかし、そうした言語化が必然化されるのは、そうした読みを共有し、語り合おうとする協同する仲間の存在なくしてはあり得ません。言い換えると、読書行為とは、テクストと「わたくし」の間に、過去とつながる「もう一つのテクスト」を差し込み、今、ここを共有し、承認し合い、せめぎ合う「もう一人の読者」を差し入れる営みなのです。そうした読書行為を自覚的自律的に執り行う、社会的実践者としての読者に向かって、今日、誕生を祝うことほぎの物語の中に生まれ落ちた子どもたちは、小さな発達の一歩を踏み出しているのです。

Ⅲ　読書教育を展開するために

1　マルチメディア時代の読書とその教育

上田祐二

(1)　マルチメディアと読書の揺らぎ

かつて滑川道夫は『映像時代の読書と教育』において、活字離れを憂慮する人の多くには、マンガや劇画を軽侮し活字文化を良きものと見なす良書主義が根強いが、青少年はそうした活字信仰から自由になっていると述べました（国土社、一九七九年、一二～一四頁）。ここに表れているのは、活字離れであるかどうかは、読書に対する認識の違いによって左右されるということです。そして、そのような認識の食い違いは、読書とそれに介在するメディアとの関係をどうとらえるかということにもとづいているということです。いやむしろ、映像という新たなメディアが生み出す文化の発達は、たんにマンガ・雑誌やテレビ番組などの多様な読書材を生活に浸透させるだけでなく、これまでの読書と生活との関係に何らかの変容をもたらすのであり、それゆえそれまでの読書のとらえ方を問いなおす必要を迫るということです。

それから三〇年余りを経たマルチメディア時代と呼ばれる現代にあっても、滑川のこの指摘は読書というものをとらえる上でやはり重要な視点であると言えます。たとえば今日、「朝の読書」などの一斉読書の取り組みが多くの学校で行われています（「全国学力・学習状況調査」国立教育政策研究所、http://www.nier.go.jp/kaihatsu/zenkokugakuryoku.html、二〇一四年一一月一〇日現在閲覧可能）。ところが「朝の読書」には、すぐに遭遇するいくつかの悩ましい問題があります。そのうちの一つは、その時間にマンガを読んでもよいかということです。たとえば朝の読書推進協議会による調査には、「本を読む対象は？」という項目があり、書籍・雑誌・マンガのどこまでを読書の対象にするかということはこの指導の大きな関心事であることがうかがえます（朝の読書推進協議会、http://www1.e-hon.ne.jp/content/sp_0032.html、二〇一四年一一月一〇日現在閲覧可能）。また、「朝の読書」が話題になるきっかけとなった船橋学園の実践においてもこの問題について触れられています。そこでは、マンガのようなビジュアルな本は、活字からなる本とは読書にはたらく認識作用が異なる、あるいは、マンガは他の時間にいつでも読めるものであるのに対し、活字からなる本は、想像力が豊かになるとか、勉強のために読む必要のあるものだとする教師の意識がうかがえます（船橋学園読書教育研究会編著『朝の読書が奇跡を生んだ―毎朝10分、本を読んだ女子高生たち―』高文研、一九九三年、六五～六六、一〇五頁）。このように、読書とは活字を読むことであり、またそのような読書にこそ読み味わうだけの価値があり、したがってそれを読み味わうための高度なリテラシーを身につける必要があるというとらえ方は、これまで私たちが当たり前のように受け容れてきた読書観でしょう。しかしながら今日、「マンガでもいいか？」という問いに対して何らかの説得力をもった理由づけが必要になってきているということは、読書の時間をマンガでやり過ごそうとする不真面目さだとして簡単に片付けられない、本ないし読書というものの境界線が揺らいできていることの表れであるようにも思われます。

それがより端的に感じられる例として読書調査を取り上げてみましょう。たとえば、全国学校図書館協議会と毎日新聞社による「学校読書調査」では、過去三〇年にわたる一か月間の平均読書冊数の推移が示されています。これを見ると、高校生は一～二冊、中学生は高校生よりは上回る二冊前後、小学生は五～七冊と、いずれも横ばいの状態が続いていましたが、二〇〇〇年を境に小学生は約三冊、中学生は約二冊の増加傾向を示しています（全国ＳＬＡ研究調査部「第六〇回学校読書調査報告」『学校図書館』七六九号、二〇一四年）。

小・中学生の読書量の増加は、先に述べた「朝の読書」の効果との関連が指摘できますが、ここで取り上げたいのは、そこで読まれている本の傾向です。特に中・高校生によく読まれている書名のリストを見ると、『永遠の０』、『カゲロウデイズ』、『図書館戦争』など、映画やアニメ、マンガの原作になっているものが目につきます。もちろん映画やアニメ、マンガが話題になっていることを耳にして、原作をまず手に取るということもあるでしょうが、逆にそうしたビジュアル・メディアで出会うことをきっかけに、原作を読んでみるということもあるでしょう。そのいずれにせよ、活字メディアとしての本は、ビジュアル・メディアと関わり合っています。たとえば読書において活字からその世界を想像するとき、記憶に残るビジュアル・メディアの情景が想起され、その影響を受けていたりすることは否定できないでしょう。だとすればそこで読まれる本は、活字によって構成されているというより、活字と映像とが相互に影響し合いながら一冊を構成しているようにも思われます。

また、アニメ化、マンガ化されているものの多くは、いわゆるライトノベルと呼ばれる作品です。その多くにはキャラクターのイラストが添えられており、それがアニメ化、マンガ化にあたってキャラクターのモデルとしても使用されます。逆に、アニメ、マンガからノベライズされるものもあります。大塚英志は、ライトノベルを「アニメやコミックという世界の虚構を「写生」する小説」であるとして、「現実の原理原則ではなくアニメやコミックというジャンルが内包する仮想現実の原理原則に従って書かれている」（『キャラクター小説の作り方』講談社現代新書、二〇〇三年、二四頁）と述べています。また東浩紀は、ライトノベルを「キャラクターのデータベースを環境として書かれる小説」（『ゲーム的リアリズムの誕生』講談社現代新書、二〇〇七年、四五〜五〇頁）と定義しています。これらのとらえ方を踏まえるなら、ライトノベルのような作品は、活字とイラストとがあらかじめ作品の要素として結びついているというだけでなく、その背景にある、データベース化されたアニメやマンガに関する知識への参照にもとづく想像力によって読まれ、楽しまれているということになるでしょう。

こうしたライトノベルの特質、またそのアニメ、マンガとの浸透性を前にすると、活字による本のみを読書だと見なすというのも、今日の読書をとらえる上では窮屈になってきています。少なくとも、〝一冊〟としてカウントされる読書量は、読書を正確にとらえるには覚束ない単位であるように思われてきます。このとき、アニメやマンガなどはいわゆるサブカルチャーであるとして、一冊の活字の本を読むという読書対象の境界線の揺らぎを無視することもできるでしょう。しかし、その後にはすぐに、ライトノベルのような別の、読書の境界に揺らぎをもたらす何かに直面することになるのです。このようにマルチメディア時代の読書は、多様なメディアが融解した中でのネットワーク化された読書として成立しています。本章ではこのような視点から、一冊の良質の本を手に取るといった、これまで当たり前のようにイメージしてきた読書がどのように変容しようとしているのかということをとらえてみましょう。

（2）デジタル化と本の電子化

マルチメディアの基盤となっているのは、情報のデジタル化です。特に、文字情報のデジタル化は、その検索性を飛躍的に高めました。これまで本から情報を探すためには、目録や分類カードなどから本を検索し、さらにはその本の目次や用語索引などを手がかりに情報を絞り込みながら、目的の情報にたどり着く必要がありましたが、デジタル化によって、用語を検索するだけでそれが表れている本とその箇所とを即座に見つけ出すことができるようになりました。

電子辞書は、このような利便性とともに、常時携帯して必要なときすぐに利用するのに都合のよい〝本〟です。ところが、電子辞書と紙の辞書とでは異なった使用感があるということも指摘されています。たとえば小山敏子による調査では、紙の辞書の方が、調べた単語が記憶に残りやすいといった意見が電子辞書の利用者から聞かれたと報告されています（「印刷辞書と電子辞書の幸せな関係」『英語教育』六〇―一〇、大修館書店、二〇一一年）。また淺間正通は、電子辞書は画面が小さいために、学習者が初出の語義に頼りがちになり、文脈を無視してしまう傾向があることを明らかにしています（「電子辞書とリーディングリテラシー―英語学習者の未知語処理をめぐって―」『日本実用英語学会論叢』一二、二〇〇七年）。さらに金子次好は、紙の辞書と電子辞書とのメリット、デメリットを踏まえて、両者を使い分けることができるように学習者を育てることが必要だと述べています（「電子辞書ブームへの懐疑」淺間正通・山下巌編著『デジタル時代のアナログ力―問われる現代社会の人間力―』学術出版会、二〇〇八年）。

では、このような紙メディアと電子メディアとでの使用感の違いは、実際にどのような情報行動として表れてくるのでしょうか。喜多あおいは『プロフェッショナルの情報術―なぜネットだけではダメなのか？―』（祥伝社、二〇一一年）の中で、テレビ番組に必要な情報をリサーチする上で、書籍、新聞、インターネットなどのさまざまな情報源をどのように使い分けているのかを自身の仕事術として紹介しています。そこで重視されているリサーチのコツは、情報の取りこぼしをしないための「網羅」と、テーマに関連する情報に絞り込む「分類」です。たとえば、書籍タイトルを眺めることによってリサーチの切り口を探したり、表紙、著者の略歴、目次、まえがきなどから情報の性格と概要の予測をした上で漢字と熟語を拾うように本を読んだり、広範な事物を一覧できる点、情報の要素を構造的に関連づけて紙面が構成されている点を踏まえて新聞や紙媒体を読んだりするといったことなどは、「網羅」のコツを活かすということに当たります。それに対して、新聞記事の横断検索データベースを利用して各社の記事を読み比べること、インターネットの検索語を工夫して目指す情報を的確に探し出すことなどは、「分類」のコツを活かすということになるでしょう。こうしたリサーチのプロという優れた情報の使い手の姿から見えてくるのは、メディアの違いをアナログかデジタルかというように排他的にとらえるのではなく、その情報行動が効率的かつ効果的なものになるように、さまざまなメディアをその性格をよく理解した上で活用しているということです。

（3）データベース化と情報の一元化

しかしながらメディアの性格と言っても、たんにアナログ情報は一覧性が高いとかデジタル情報は検索効率が高いなどというように単純に規定できるものではありません。たとえばデジタル情報の検索について考えてみましょう。喜多は、書誌情報の検索の手段として紀伊國屋やアマゾンといったオンライン書店のデータベースの活用を紹介していますが、そこではテーマに関連する本を広く探したり、関連性の高いものを的確に探したりする場合のそれぞれで、異なるデータベースが利用されています（前掲書、五九～六三頁）。このようなデータベースの使い分けが必要になるのは、検索の結果として表れる情報がその活用の仕方で異なる様相を見せるからです。たとえば、キーワードをあまり絞り込まないで検索すると、広い領域の本を見渡せる点で一覧性は高くなりますが、検索でヒットした本が膨大であれば、その一覧性は逆に効率の悪さになってしまいます。また、関連性の高いものを的確に探すために別のデータベースを利用するのは、そのデータベースが保有している情報量やその関連づけの仕方によって、検索の的確さの度合いが変わってくるからです。

ところでこのデータベースの性格という問題は、情報行動ないしそこにおける読書に少なからず影響を与えると考えられます。たとえば、私たちは何か調べものをするとき、気軽にインターネットにアクセスして情報を探すという行動をとります。それは、インターネットには膨大な情報がデータとして貯蔵されていると考えているからですが、その一方で、そこでの探索はゴミの山をかきわけるようなもので、インターネットの情報は断片的であったり信頼が置けないものだという指摘も比較的早くからなされてきました（たとえば、クリフォード・ストール『インターネットはからっぽの洞窟』倉骨彰訳、草思社、一九九七年）。そこには、インターネットは書籍とは区別される固有の情報空間であるという認識がはたらいています。ところが実際には、インターネット上で書籍ないし論文を閲覧できる機会も徐々に増えてきています。このことは、情報がインターネット上に一元化されるということを意味しますが、ここで問題になるのはその情報の一元化の度合いです。これは先ほど触れた「網羅」の視点に関わる情報の保管に対する信頼性を左右します。もう少し言えば、インターネットへの情報の移管がどのようになされているかによって、私たちが出会える情報は規定されるということです。また、インターネット上には膨大な情報が存在することを私たちはすでに知っていますが、情報の一元化はこうした状況に拍車をかける、逆に言えば、これまで信頼が置けると思われていた貴重な情報がそれら膨大な情報の中に埋もれてしまうということでもあります。そうなってくると、重要になるのはそうした膨大な情報と私たちとをつなぐ検索データベースの役割です。そしてまた、検索データベースによって情報の関連づけの仕方に違いがあるのであれば、その性格を理解しているかどうかは、私たちの情報行動に対する影響の度合いを左右すると思われます。

電子書籍は、日本においては一九九〇年代に商業的な展開が始まりましたが、読書端末機器やデータの形式、あるいは出版流通の商慣習などの問題から、必ずしも広く普及するまでに至ってきませんでした（横山三四郎『ブック革命―電子書籍が紙の本を超える日―』日経ＢＰ社、二〇〇三年）。ところが、読書端末として利用できるタブレット型のコンピュータが発売されたのを契機に、ここ数年、電子書籍は大きな注目を浴びています。また最近では、いくつかの公立図書館において、電子書籍の貸出サービスも始まっています。その一方で図書館や研究機関における書籍の電子化も着々と進められてきました。たとえば国立国会図書館は「近代デジタルライブラリー」として、明治・大正・昭和前期に刊行された図書をデジタル化し、画像データの形式で提供しています。また、所蔵する論文などを機関リポジトリにおいて保存・公開する大学も増えてきました。さらには、インターネットにおける各種サービスのポータルサイトとして有名なグーグルは、二〇〇四年からグーグル・ブックスというサービスを開始しました。これは、大学図書館などとも提携して書籍を電子化し、全文を対象にした検索と、その結果としてヒットした用語を含む一部または著作権の保護期間が終了しているものについては全内容を表示してくれるサービスです。このサービスは著作権を侵害しているとして二〇〇五年にアメリカで訴訟にまで発展しましたが、二〇〇八年の和解内容が日本の著作者にも影響するとして大きな話題となりました。結局、この和解案は二〇〇九年に修正され、日本の書籍への影響は回避されることになりましたが、書籍のデジタル化と著作権との関係は、未解決の課題として残されています。

さて、こうした電子書籍の発展によって、本に触れることの利便性は確かに高まっていますが、その裏で危惧されるいくつかの問題も指摘されています。なかでも和田敦彦は、電子図書館は閲覧の利便性を高めるが、それもやはりある一つの図書館なのであって、その蔵書の偏りや空白には注意すべきであると述べています（『越境する書物―変容する読書環境のなかで―』新曜社、二〇一一年、一一〇～一一一頁）。この指摘は、先に提起しておいたデータベースの性格に関わる問題です。これまで私たちは、書籍のデータベースと言えば書誌情報を検索するものであって、その結果にしたがって蔵書先に出向いて、モノとしての書籍を手に取るといったやり方をとってきました。ところが蔵書そのものを電子空間に移管する、したがってデータベースと一体化することは、蔵書の規模を不可視化すると同時に、それゆえ蔵書の全体像がデータベースに一致すると錯覚する可能性を生み出します。しかしそのことが危険であるのは、そのデータベースから漏れた書籍ないし情報に接触できないことに気づかないからだけではありません。むしろ、そのデータベースからどのような情報に接触できるのかが、そのデータベースを設計・構築する他者に依存しているということにあります。和田は、電子図書館のリテラシーを身につける上で重要な点として、「メタデータへの批判的な目の養成」（前掲書、一一三七頁）ということを挙げています。メタデータは、データベースの検索結果に大きな影響を与えますが、それゆえ検索に意図的なバイアスをかけることも可能です。ローレンス・レッシグは、人間の行動に関わるテクノロジーのあり方、設計・作られ方をアーキテクチャと呼び、それが行動を規制する要因の一つとしてはたらくと述べ、電子空間においては、プログラム・コードがそれに当たると論じています（『CODE Version 2.0』山形浩生訳、翔泳社、二〇〇七年）。メディアのこうしたアーキテクチャの一つとして、和田はメタデータに注目しているのであり、特定の企業や機関がそのアーキテクチャの設計・制作の権限を握ってしまうことの危険性を指摘していると言えます。こうした点に注目するならば、マルチメディア時代に求められる読書のリテラシーは、多様なメディアを使い分けて情報を効率的・効果的に活用するための技能といったものにとどまりません。むしろそうした技能を発揮して行われる読書が、どのような行為として成立するように仕向けられているのか、その読書環境のアーキテクチャを見きわめ、そこでの自らの読書のありようを批判的にとらえなおすことのできる能力が求められていると言えるでしょう。

（4）本の断片化と情報の信頼性

書籍データが電子化されることによって、グーグル・ブックスの全文検索のような本への接触の仕方が可能になりますが、そのことは、冒頭で述べた一冊の本を読むという読書イメージを大きく変える可能性もあります。長尾真は、電子図書館では情報の最小単位が変わってしまうので、そこでのユーザーの質問に対するレファレンス・サービスは、本ではなく、情報レベルの答えを提供せざるを得なくなると予想しましたが（『電子図書館』岩波書店、一九九四年、四七頁）、これは、読書そのものの問題としてとらえなおすことができます。

まず一つのイメージは、本という単位の朧化あるいは断片化です。たとえば、「○○について知りたいのだけれど」という問いに対して「この本に書いてあったよ」と答えるとき、質問者の問いに答え得る情報のまとまりが「この本」の全体を必ずしも指していないことは、紙の本についても言えることです。しかしながら、ここで「この本」に指し示された部分を読んだとき、質問者は「この本」を読んだと言えるでしょうか。また、そのようにして答えを知り得たとして、にもかかわらず質問者は「この本」を読んだと言えるために、始めから終わりまでを通読しなければならないのでしょうか。グーグル・ブックスの体験は、まさにこのようなものです。検索結果が表示されたページには、その書籍を購入できるサイトがリンクされていますが、そこでその書籍を購入するかどうかは、検索結果にプレビュー表示された情報を、〝一冊〟に見合うだけの十分なひとまとまりの情報と判断するか、あるいはそれは一冊の書籍から見れば一つの断片に過ぎず、それ以上にその本から有益な情報が得られるはずだと期待するかによるでしょう。

したがって、これに触発される本に対するもう一つのイメージは、断片化された情報それ自体が本として成立するというものです。本が電子化されることによって断片化され情報化されるとき、検索によって得られた本の断片を〝本〟だと認識し得るのだとすれば、逆にそのように断片化された情報を〝本〟として提示することもあり得るということです。たとえば、朝日新聞社が展開しているウェブ新書などがそれに当たるでしょう。ウェブ新書とは、新聞・雑誌の記事を「新書」の体裁に編集し販売するものですが、歌田明弘はそうした販売形態について、書きたいことだけ書いて早く出す、読みたいことだけを購入するといった効率性があると評しています（『電子書籍の時代は本当に来るのか』ちくま新書、二〇一〇年、二三〇～二三一頁）。

あちらこちらで発表した文章を集めて一冊の本として出版するということは、これまでにもよく行われてきました。しかし、インターネットにおける編集著作物がそれと異なる点は、オリジナルの著作物が電子的にしか存在しないのであれば、私たちに提示される本としての情報のまとまりがどのヴァージョンの情報なのかということに気づきにくくなるということです。なぜなら、本がインターネット上に貯蔵されるということは、そのモノとしての実体性が希薄になるということを意味するからです。ヴァルター・ベンヤミンは、芸術作品であることを支えるオリジナルとしての歴史性・一回性は複製技術によって失われると論じましたが（『複製技術時代の芸術』佐々木基一編集解説、晶文社、一九九九年、一二頁）、電子メディアは、複製としての本がわずかに携える物質としての古さやその手触りといった歴史性をさらに剝ぎ取ってしまいます。どのヴァージョンの情報であれ、モニタ上には同一に並ぶ情報でしかないのであり、両者を区別するとすれば、それに外在する書誌情報に頼るほかありませんが、両者はほんとうに別の本として存在するのかと幻惑される感覚は残るでしょう。港千尋は、インターネットで購入したジョージ・オーウェルの電子書籍が、返金とともにある日突然消えてしまったというエピソードを取り上げながら、「この「ユーザー」は、オーウェルの著作を「持っていた」と言えるのだろうか。さらに言えば一方的に削除されるような本は、はたして「本」なのだろうか」(『書物の変―グーグルベルグの時代―』せりか書房、二〇一〇年、一二頁)と問いかけていますが、このように本という実体が電子化されるということは、その物質性が支えてきた本というもののありようの問いなおしを促すものだと言えるでしょう。

たとえばその一つとして、これまでモノとして固定化されることによって担保されていた情報の信頼性が揺らいでしまうといったことが考えられます。それは、その情報がいつ失われるかという存在としての揺らぎであるとともに、その存在が一定しないという揺らぎでもあります。そうした例としておそらく最も知られているものはウィキペディアでしょう。ウィキペディアは、誰もがその執筆に参加できる百科事典編集プロジェクトです。アンドリュー・リーが指摘するように、誰もが気軽に参加できるがゆえに、最新のニュースを百科事典的な知識としてリアルタイムに編集可能である点が魅力の一つになっています(『ウィキペディア・レボリューション―世界最大の百科事典はいかにして生まれたか―』千葉敏生訳、ハヤカワ新書、二〇〇九年、一二五～一二六頁)。

ところで、誰もが参加できるということは情報に信頼性が保てないと考えがちですが、ウィキペディアではむしろ、参加者間で情報内容の点検とその修正を重ねていくことによって、記述の正確性を高めようとしています。また執筆の指針として、中立な観点に基づき、特定の観点に偏った主張をしないこと、信頼できる出典を明記することによって、記載された情報に検証可能性を持たせることなどが示されており、百科事典としての情報の質とその信頼性を高め、保証することに注意が払われています（http://ja.wikipedia.org/wiki/Wikipedia：編集方針、二〇一四年一一月一〇日現在閲覧可能）。

しかしこの指針を見て気づかされるのは、ウィキペディアでさえ情報の信頼性が、固定化された出典に依拠しているということです。すでに述べたように、本の実体性が希薄になり、その存在が流動化されるということは、ウィキペディアの言う検証可能性の保証が困難になるということを意味します。そしてそれはウィキペディアにこそ当てはまることです。この点について山本まさきは、訂正を重ねることによって情報の質を高めようとするウィキペディアのシステムは必然的に、誤った情報が公開される可能性が格段に高まると批判しています（山本まさき・古田雄介『ウィキペディアで何が起こっているのか―変わり始めるソーシャルメディア信仰―』オーム社、二〇〇八年、一〇四〜一〇六頁）。

このように信頼に足る情報がそうでない情報と混在していること、そして特にその信頼性が本という結果ではなく編集というプロセスでしか提示されないということには、検証可能性として指し示すべき情報源の確かさが保証されないという問題点があります。もっともウィキペディアの場合、情報の精度を伝えるための指標を示したり、また訂正の履歴をヴァージョンとして残したり、見解が分かれる情報に関して議論する場を設けるなどして、編集される情報の信頼性を保証する手続きを管理しています。しかしながら少なくとも、本というものの実体性が情報に対する信頼性をいかに支えてきたのかということを、このように情報を固定化する苦労から逆に推し量ることができるでしょう。

（5）ネットワーク化と読書のソーシャル化

私たちはこれまで、一冊の本を読むという安定感とそこから何かを学んだということの信頼感に、読書をすることの確かな充実感を見出していました。前田塁の見方にもとづけば、それは印刷技術が仮構する知の線形性／全体性から来るのだ（『紙の本が亡びるとき？』青土社、二〇一〇年、四二頁）と言えるでしょうが、それゆえ読書は、歴史上の一つの形式であって不変のものではありません。たとえば、黙読は私たちが描く典型的な読書の一つの姿でしょう。冒頭で取り上げた『朝の読書が軌跡を生んだ』の表紙に、生徒一人一人が黙読する教室の写真が掲げられているのも、そのような姿が、充実感に満ちた静寂の時間として美化される読書のイメージを私たちに与えるものだからでしょう。

ところがこうした黙読としての読書は、近代に規範化されてきたイメージだと考えられています。リチャード・ルビンジャーは、中央とは大きく差のあった地方の識字率が明治三〇年代に急速に上昇し、両者の差が平準化されたと述べていますが（『日本人のリテラシー——1600-1900年——』川村肇訳、柏書房、二〇〇八年、二七四～二八二頁）、それとともに読書環境もまた大きく変化したようです。永嶺重敏は、明治時代に入っても読書は漢文素読的伝統としての音読が支配的であり、家庭内で家族に読み聞かせるといったように、共同体を通じて読まれるものであったと述べています。ところが新聞・雑誌・書籍といった活字メディアの地方への流通が盛んになったこと、鉄道網の拡大に伴い車中での読書が普及したこと、図書館の設置が特に大正に入って急速に進められたことが、黙読に象徴される近代的な読書習慣に馴化させる文化的装置としてはたらき、明治三〇年以降、「読書国民」が徐々に形成されていったと述べています（『〈読書国民〉の誕生―明治30年代の活字メディアと読書文化―』日本エディタースクール出版部、二〇〇四年）。孤独な黙読に象徴される近代的な読書スタイルが読書を個人化、内面化したという永嶺の考察は、先に述べた今日の読書のイメージにも合致するものです。そしてこの静かな読書に何かしらの美しさを感じるのは、おそらくそうした本との対話が、自己を内省し、その人格を形成する修養の姿として映るからでしょう。実際、竹内洋は、「哲学・歴史・文学など人文学の読書を中心にした人格の完成を目指す」教養主義が大正時代の旧制高等学校生を中心に定着したと述べています（『教養主義の没落―変わりゆくエリート学生文化―』中公新書、二〇〇三年、四〇頁）。

ところで、こうした教養主義は、大衆化にともなう嗜好の多層化へと変容しつつ、一九七〇年代に入ると徐々に廃れていったと竹内は述べていますが、マルチメディアの時代にあっては、それを支える読書スタイルもまた、これまでとは異なる様相がうかがえるようになってきました。それは、個人化・内面化による孤独な読書とは異なる、他者の読書と関わり合うソーシャルな読書という様相です。

どの本に出会うかあるいは出会えるかということは、読書の重要な成立要件です。すでに触れたように、子どもの読書において映画化、マンガ化された本がよく読まれているというのも、その本に関する情報が、メディアミックスの展開の中で彼らに受け取られていることの表れでしょうし、また、授業や学級、学校図書館などのさまざまな場面で本の紹介を積極的に行うことは、読書教育における子どもに対する基本的なはたらきかけです。しかしながらインターネットは、そのような形で本に接近しやすい情報空間であるとは必ずしも言えません。なぜなら、これまで述べてきたようにインターネットが巨大なデータベースであるならば、そこで本に関する情報を得るには検索という能動的な行動が前提となります。ところがマスメディアや教育における本に関する情報との接触は、必ずしも能動的なものであるとは限りません。むしろ、受動的にあるいはたまたまそこで見聞きした情報がきっかけになって読書が動機づけられることの方が多いのではないでしょうか。

また、インターネットで本と出会うにはもう一つの困難があります。私たちが書店や図書館に出かけるのは、そこで書籍を購入・借用できるという理由からだけではなく、その本を実際に手に取って読書に値する本であるかを確認できるからです。ところがインターネットでは、検索によって本を発見したとしても、それが自分の求めている本かどうかを品定めするのに十分な情報が得られないといったことが起こります。

しかしながら今日では、特にショッピング・サイトを中心にこのような問題に対する対策が工夫されるようになってきました。私たちはこうしたサイトにアクセスするたびにさまざまな本の画像が表示されるのを目にしますが、ひとたびアカウントを登録すると、そこに表示されるのは以前検索した本のテーマに関連した本であったり、その検索した本を見た他のユーザーが検索したり購入した別の本であったりします。このようにユーザーの嗜好に関連する本を予測し表示・紹介するという方法は、本を購入する意志がなくサイトに訪れた、いわば通りがかりのユーザーに対しても、購買意欲に結びつく形で読書を動機づけるよう意図されています。鈴木謙介はこの仕組みについて、こうしたユーザーの嗜好に関連づけられた情報の提示が可能になるのは、サイトを訪れるユーザーの閲覧・購入などの履歴情報をデータベース化し、それらユーザーの行動によって情報の関連づけを絶えず変化させながら、個々のユーザーに最適だと判断できる情報を提示するシステムをサイト側で準備しているからだと説明しています（『ウェブ社会の思想──〈遍在する私〉をどう生きるか──』日本放送出版協会、二〇〇七年、九一～九二頁）。

このようなシステムを活用することによって、ユーザーにとって受動的な情報が読書意欲に結びつく可能性を高める工夫がなされていますが、ここで注目したいのは、そのような工夫は鈴木が言うように、読書に参加するユーザーをデータベースでつなぐことによって可能になっているという点です。すなわち、そこでユーザーは別のユーザーの読書嗜好という声に誘われて本に接近しているのです。その意味で、間接的ないし不可視的にではあれ、そこには一つの読書コミュニティが構成されており、そこで互いの読書嗜好を紹介し合っていると見ることができます。

また、そのようにして目に留まった本が読書に足るかどうかを判断するための情報を提供する手段も、そのようなサイトにはさまざまに準備されています。たとえば、本の簡単な内容紹介や著者の略歴を提示したり、画像データの形式で本の一部を閲覧できたりすることが挙げられますが、ここでもやはり、サイト側が提供する情報だけでなく、ユーザーからの情報も活用されています。たとえば、ユーザーが自身の嗜好や特定のテーマにもとづいて選択した本をリストに登録・公開したり、あるいは、それぞれの本にはユーザーからのレビューが投稿できるようになっています。

佐々木俊尚は、ブログやツイッターなどのソーシャル・ネットにおける情報が、同じ趣味嗜好を持つ小さなコミュニティにおいては大きな影響力を持つようになると述べていますが（『電子書籍の衝撃―本はいかに崩壊し、いかに復活するか？―』ディスカヴァー・トゥエンティワン、二〇一〇年、二六六〜二七一頁）、ソーシャル・ネットのそうした広がりからとらえるならば、この影響力はたんに購買意欲の喚起に結びつくものだけではないでしょう。他の読者の声に誘われた読書は、すでにその読者の声を背景に置きながら行うことになるはずです。それは本の内容を理解するための支えとなったり、ときにはその声に対抗する読みを生み出したりすることもあるでしょう。そのいずれにせよ、ソーシャル・ネットにおいて私たちの読書は他の読書にリンクされています。さらにソーシャル・ネットによって結びつけられるのは読者だけではありません。一〇年ほど前にブームとなったいわゆるケータイ小説は、作者と読者との交流をソーシャル・ネット上で図れることが特色の一つでした。もっともこのような交流は、たとえば筒井康隆『朝のガスパール』（朝日新聞社、一九九二年）における、読者からの投書を参考にしながら新聞紙上に作品を連載するといった試みのように、すでにパソコン通信の時代にも見られます。しかしながら、ケータイ小説の場合にはそのような交流の場に参加する者同士の結びつきはさらに強いものであるようです。ケータイ小説のポータルサイトの運営に携わっていた伊東寿朗は、そこでは互いに励まされ勇気づけられる一体感が書き手と読者の双方を支えていたと述べています（『ケータイ小説活字革命論―新世代へのマーケティング術―』角川ＳＳＣ新書、二〇〇八年、一三三〜一二四頁）。このように誰かの書いたものを読み、またそこでの読書について書き込み、それがさらに誰かの書くことや読むことを誘うというように、読書がそれをめぐる一つのコミュニティを形成する、あるいは逆にそのコミュニティにおいて私たちの読書は促され、またその読書によってそのコミュニティへの参加が動機づけられるといった読書のイメージが、ソーシャル・ネットが構成する読書のイメージです。このイメージにしたがえば、読書はたんに自己と対話し一人静かに内省を深めるためだけのものではないでしょう。むしろ他者と対話しその対話を通じて自己の読書が成立するといった、協同的に展開する読書の中で自己の読書の質は高まっていくものとしてもとらえることができます。

読書会のように、それぞれの読書を交流する集団読書はこれまでも実践されてきましたが、最近ではブッククラブやリテラチャー・サークルと呼ばれるアメリカでの実践が、このような協同的な読書の成立を教室において図ろうとする試みとして日本でも紹介、研究されています。これらは、実践の方法には多様性があるものの、おおよそ子どもが自ら選択した本にもとづいて小グループを構成し、話し合いによって互いの読みを交流しながらさらに読みを深めていくといった形式で進められる読書の学習です。寺田守によれば、そうした学習において読書は、本との交流において湧き上がる自らのことばを、他者とのコミュニケーションを通じて探究することだと考えられています（『読むという行為を推進する力』溪水社、二〇一二年、三三〜三四頁）。また、浅野智彦は、趣味を介して他者とつながり合う趣味縁が、見知らぬ他者との協力関係を築き上げる社会参加への入り口としてはたらく社会関係資本となる可能性を論じています（『若者の気分　趣味縁からはじまる社会参加』岩波書店、二〇一一年）。これらを踏まえるなら、たんに子どもの嗜好を尊重することによって読書に対する積極性を高めようとしたり、協同性によって学習効果を高めようとする教育上の意義からだけでなく、そのような読書が社会に埋め込まれた営みの一つの形態であること、したがってそのように読書することがマルチメディア社会に関わっていく一つの手段になり得るという点からこのような学習は意義づけられるということを、ソーシャル・ネットにおける読書は示唆しているように思われます。

（6）リテラシー教育としての読書教育

本章では、マルチメディアがもたらす読書の変容を、デジタル化、データベース化、ネットワーク化の視点からとらえようとしました。それはまず、デジタル化によって本が情報・データへと断片化するということでした。またそれは、本に対する信頼を権威づけていた物質性が失われるということであり、そのようにして一元化された情報のデータベースへと変容するということでした。しかしそれはまた、データベースから引き出された情報を読み、それに触発されて書き込んだ情報がさらにデータベースに組み込まれるといった、ネットワーク化による対話が構成するコミュニティとしての本とその読書を生み出し得るものでもありました。

スマートフォンなどの携帯情報端末の急速な普及が象徴しているように、このような読書の姿はすでに日常化しつつあります。しかしながら、だからといってこれまでの読書が一変してしまうということでもないでしょうし、このような読書を手放しで受け容れてよいというものでもないでしょう。たとえば、本の電子化、データベース化を、情報検索を簡便化し知的生産の効率を高めるテクノロジーだととらえ、それを活用できるリテラシーを育てることは、これからの読書教育に求められるだろうことは否定できません。しかしながらニコラス・G・カーは、ハイパーリンクによって結びつけられた膨大で多様な情報を渡り歩くような読書は、認知的負荷の観点から見ると注意散漫な読書を招くと論じた上で、どのようなリテラシーを知性とみなすか、その基準の立て方を批判的にとらえる必要性を訴えています（『ネット・バカ―インターネットがわたしたちの脳にしていること―』篠儀直子訳、青土社、二〇一〇年、一九八頁）。こうした主張に耳を傾けるなら、テクノロジーは知的生産とそのための読書を支える道具だと単純にとらえるのではなく、そうしたテクノロジーにおける知的生産・読書の姿をとらえなおした上で、私たちの読書にテクノロジーを再定位することが重要になってくるのであり、そのための知的生産・読書の姿をデザインすることが、マルチメディア時代の読書教育に求められている課題であると言えるでしょう。

あるいは、読書のタイプとして教養読書と情報読書といったとらえ方をすることがありますが（塚田泰彦『読む技術―成熟した読書人を目指して―』創元社、二〇一四年、一四四頁）、それからすると、本章で示した読書の姿は情報読書の問題であって、教養読書としての側面、すなわち教養としての価値が認められた良書を受容していくことの意義は根強いのだと考えることもできるかもしれません。Ｅ・

D・ハーシュは、そのような教養を文化常識と呼び、リテラシーを背景から支える知識であると述べて、文化常識をよく伝える読解教材の整備を提案しています（『教養が、国をつくる。―アメリカ建て直し教育論―』中村保男訳、TBSブリタニカ、一九八九年、一八頁、二二六頁）。この提案そのものは、文化常識の教授カリキュラムを求めるものですが、教養読書を促すことの有用性についても援用できる考え方でしょう。しかしすでに述べたように、本の電子化や、ウィキペディアに見られる知識構築の協同性は、読書教育において涵養すべき文化常識の内容とその権威性とを批判的に問いなおしていくことの重要性に気づかせるものです。しかしそれはたんに、そのような文化常識は社会的に構築されるものだから、その構築に参加する中で涵養されればよいのだといったものではありません。濱野智史は、ニコニコ動画を例に挙げながら、そこで協同的に作られるコンテンツは、ユーザー個々の主観的な基準から評価されているのではなく、そのコミュニティの参加者のみに共有されている特定の評価基準があるのではないかと述べ、それを限定客観性と呼んでいます（『アーキテクチャの生態系―情報環境はいかに設計されてきたか―』NTT出版、二〇〇八年、二五七頁）。そのような限定客観性は、メディアのアーキテクチャが規定すると濱野は論じていますが、もしそうであるなら、ネットワーク化された読書は個人の読書を他者へと開くものだとしてそれに誘うことは、むしろそれに参加する読者の等質性によって結ばれた、閉じた読書に追い込むことになる可能性も考えておかなければならないでしょう。だとすればそこで重要であるのは、そうした読書コミュニティとそれを構成するメディアの特性とを読みとるとともに、その関わりから自らの読書とその嗜好性を読みとるといった、自己の読書行為そのものを読みとり、その上でまたそれを設計できるためのリテラシーを育てることではないかと思われます。

マルチメディアのテクノロジーはまだ発展途上にあり、これからも変容の可能性を大いに秘めています。したがってこれからの読書とその教育を考えようとするにしても、今ここでどうするかということを結論づけることには慎重にならざるを得ません。しかし少なくとも、読書教育がいかに本を読ませるかという問いに向かっているのだとすれば、そこで言う〝本〟とは何なのか、そしてそれを〝読む〟とはどういうことなのかということを、改めて問いなおすことへと常に私たちを誘う装置であるということは言えるでしょう。その意味で私たちは、本と読書に浸透したこのメディアをどう読むかといった視点から、マルチメディア時代の読書とその教育を、これからのリテラシー教育としてデザインする必要に迫られているのです。

2 リテラシーを育てる読書教育の構想

山元隆春

(1) 「またとない回路」としての読書体験

アメリカのリテラシー教育研究者であるディーナ・ビーグリーは、読者の内部では次のようなことが生じていると述べています。

読者は著者の言葉や考えに単に同化するのではなくて、むしろ著者の言葉の意味を考えたり、著者の言葉に反応すると同時に、知的な意味でも情的な意味でも、その世界についての自らの知識を使っているのです。ローゼンブラットが「生きた回路(a live circuit)」と呼んだ、この互恵的なプロセスにおいて、読むことはけっして停滞することなく、力動しています。(Beeghly, Dena G. *Litlinks*, McGraw-Hill Higher Education, 2007, p. 26. 山元試訳)

本や文章を読むことは、著者（作者）の言葉を鵜呑みにすることではなく、著者（作者）の言葉と自分とのあいだに「生きた回路」を作ることであると言うのです。「生きた回路」とはこの引用文に引かれているルイーズ・ローゼンブラットの造語ですが、当のローゼンブラットは次のように言っています。

「詩」が存在するようになるのは、読者と「テクスト」とのあいだに生まれる生きた回路においてなのです。電子回路のさまざまな要素と同じで、読書過程の構成要素もそれとは異質な他者があらわれることによって、はじめて機能します。個別具体の読者と個別具体のテクストと個別具体の時間と個別具体の場所と。そのそれぞれが変化して、またとない回路、またとない出来事——すなわち、またとない詩が生まれるのです。読者は、さまざまなシンボルと、それらのシンボルに促されて自らの意識のうちに結晶させたものとの、そのどちらにも注意を向けます。詩を構成するのは、作り手が音声として発した言葉や頁の上に書き残された言葉ではなくて、それらに対して読み手が組み立てた反応の方なのです。読者にとって、テクストと交わるあいだに乗り越え、生き抜いたそのことこそが、詩なのです。（Rosenblatt, Louise M. *The Reader, the Text, the Poem: The Transactional Theory of the Literary Work*, Southern Illinois University Press, 1978, p. 14, 山元試訳）

ローゼンブラットの言う「詩」とは、私たちが心と身体を用いて営む読書体験のことだと言ってよいでしょう。その体験の舞台が「読者と「テクスト」とのあいだに生まれる生きた回路」だと言うのです。そうだとすれば、読書教育を通して生み出さなければならないのはそのような舞台であり、「生きた回路」だということになります。そのような「回路」をどのようにすれば生み出すことができるのでしょうか。そしてそれをどうすれば「またとない回路」とすることができるのでしょうか。そのための働きかけをどうすればよいのでしょうか。

(2) 読書教育における大人の役割

本書で扱ってきた読書教育実践の諸相は、そのそれぞれが読むことによってリテラシーを子どものものにしていくアイディアを含んでいました。それらをどのように組み合わせて読書教育のプログラムを編んでいくのかということが、私たちに課せられた課題です。ひたすら読むことに没頭するための動機づけと、そのための時間を教育のなかでどのように確保することができるのか。これは、リテラシーを育てる上でのまことに重要な課題です。

たとえば高等学校までに日本の文学史を教わるということは、代表的な作品の名と作者の名を記憶しながら、それらが書かれてきた流れを押さえることが中心になっていると言うことができるでしょう。テストでは、どれだけ記憶したかが問われることになります。そのことが無意味だとは言いません。しかし、「舞姫」が文学史上重要な作品であるとすれば、まずそれを読まなければ、文学史家が描く歴史そのものが不可解なものと映るでしょう。それだけでなく、どうして森鷗外が「舞姫」のような作品をあの時代に書いたのかということが、そもそも周辺の作品も含めて読んで、考えてみなければわからないわけです。わかりきったことを言っているようですが、そのわかりきったことを実現してみることが、読書教育を進めていくことなのです。それは本の肉に触れるということです。本の肌理《きめ》や骨格を実感してみるということです。そのことを抜きにして文学の歴史を記憶しても、消化不良に陥るだけでしょう。ひたすら読むことに没頭する時間が、考えてみれば、日本の学校教育のカリキュラムでは十分に準備されていません。だからこそ、読書教育の必要性があるのです。答えのない読むということに没頭する時間をどれだけ確保することができるか。少なくとも未来の読者を育てていこうと考えるなら、そのことを真剣に思い悩む必要が、大人である私たちにはあるはずです。

その大人の役割はどのようなものでしょうか。アメリカのリテラシー研究者であるローレンス・サイプが読み聞かせに果たす大人の役割として提案したもの（Sipe, Lawrence R. *Storytime: Young Children's Literary Understanding in the Classroom*, Teacher's College Press, 2008）をもとにすると、次のような五つの役割を導くことができるでしょう。これは必ずしも読み聞かせに限ったことではありません。

①「読者」としての役割……読み聞かせの際に、読むひとが「読者」としての姿を見せることで

す。動作で演じることもありますし、声音《こわいろ》を使って音声で演じることもあります。大人がどのように本を「読む」のか、という姿は生徒たちにとって大きな意義のあることでしょう。国語の授業での「範読」だけではなくて、他の教科でテクストを音読する場合にも言えることです。その資料をどのように読めばよいのかということに関して、大人の音読がヒントになることも少なくないはずです。

②「励ますひと」としての役割……生徒たちが言ったことやしぐさなどを褒めることです。感想を述べたり、質問を出したりした場合に、それを褒めれば、生徒たちにとって大きな自信になるでしょう。生徒がその本について発した言葉に言葉をつないであげることで、その本と生徒との交流がさらに広がるのです。

③「思いをはっきりさせるひと」としての役割……生徒たちが何かを言いたくなって、発言したり、行動したりしたときに、言葉を加えて、そのときの思いをもう少し表現させ、はっきりさせることです。②とも関わりますが、生徒の発言に言葉を加えることによって、その生徒が言いたかったことにかたちを与えることになります。本についての思いは元来それほどはっきりとしたかたちをとっているものではありませんから、そのようにして大人が添える言葉が、その生徒の本についての思いにかたちを与えることになるはずです。

④「一緒に考える仲間」としての役割……生徒たちが抱いた疑問や感想を一緒になって考え、ときには自分の考えを子どもに話すと、生徒たちにも自ら考える手がかりが生まれます。

⑤「気づきを広げるひと」としての役割……生徒たちが話してくれる小さな「気づき」を広げていく役割です。ときには、それをきっかけにして新しい言葉や概念や事柄を教えるようなことがあってもよいでしょう。「気づき」を広げるということは、「世界」を広げていくことでもあります。

いずれの場合でも、大人の役割は、自分の考えを押しつけるものではありません。むしろ、児童生徒の考えていることがかたちをとるように、生徒が自分の考えを表明することが楽になるように手助けをする、ファシリテーター（支援者）としての役割です。

（3）読書教育を通してどのような「理解」を育てるのか

では、そういったファシリテーターとして、私たちはどのように読書体験を育てていけばよいのでしょうか。

オーストラリアのリテラシー教育研究者であるミシェル・アンステイは「新しい時代の常として変化を受け入れることは、リテラシー教育がある特定の知識や技能の習得ばかりでなく、多様な社会的文脈のなかでそのような技能を使用することに目を向けなければならないことを意味する。さらに、リテラシー教育は取得すべき態度と能力を支援し、将来にわたって進化する言語とテクノロジーを用いなければならない。リテラシー教育は、テクストと、あらゆるかたちでそれにそなわっているイデオロギーに批判的に取り組みながらそれらを理解し、のみならず、そのようなテクストを作り出す能力（コンピテンシー）にも目を向けなければならないのである。」と述べた上で、「二一世紀のリテラシー教育」が学習者に求める「理解（understanding）」として次の五つを指摘しています（Anstey, Michele. "It's Not All Black and White: Postmodern Picture Books and New Literacies," *Journal of Adolescent & Adult Literacy*, 2002, 45: 6, pp. 444-457）。

・あらゆるテクストは意図的に組み立てられていて、特定の文化的、政治的、経済的目的を持っている。
・テクストは多彩な表現形式を持つので、読者や見る者は、そのテクストを処理するために複数の文法と記号体系を利用しなければならない。
・社会とテクノロジーの変容は、テクストとその表現形式に挑戦し、それらを絶えず変化させる。
・一つのテクストを読んだり、見たりする場合、文脈（社会的、文化的、経済的、政治的な）やその他の諸要素のいずれに依拠するかによって、複数のやり方が可能となる。
・一つのテクストの潜在的なさまざまな意味を考え、それらがどのように読者と読者の世界とを組み立てるのか、考える必要がある。

アンステイは、これら五つの「理解」がこれからのリテラシー教育の目標を考える際の重要な柱になると言っています。私たちの身近にある、「理解」の対象を眺めてみれば、これらの一つ一つに該当すると思われるものがけっして少なくはないはずです。

この五つの「理解」は、およそ次のように言い換えることができるでしょう。最初の「理解」は、絵本や本はどのようなものであっても、意図的に、目的を持って書かれている、ということを言っています。そして、そのことが本の体裁や構造にもあらわれている、ということの理解をはぐくむ必要性を言っています。二番目の「理解」は、絵本や本が多彩な表現形式をそなえているので、その多彩な表現形式についての知識を持つ必要があることを述べたものです。三番目の「理解」は、社会とテクノロジーの変容に伴って、絵本や本の形態と内容は変化するのだから、それに応じるために、「本」に対する既有のイメージや概念を広げ深める必要があるということです。四番目の「理解」は、その本がなぜそのように書かれているのかということを、他の本と比べながら探って理解することですし、五番目の「理解」は、その本の表面的な意味ではなくて、潜在的に可能な意味を探り、その本が読者の読みをどのように組み立てていこうとしているのかを考えていくことです。この四番目の「理解」と五番目の「理解」は密接に関わり、ともに「比べ読み」やアドラーらの言う「シントピカル読書」と共通することを言っているようです。

アンステイの指摘を踏まえながら、読書教育を通して育てる「理解」として次の五つの柱を立ててみました。

理解①　本が意図的に目的を持って書かれていて、それが本の体裁や構造にもあらわれていることの理解を育てる。
理解②　本の多彩な表現形式を捉えるための見方を育てる。
理解③　「本」に対して既に持っているイメージや考えを捉え直し、広げる。
理解④　その本がなぜそのように書かれているのかということを、同じ内容の本と比べながら考える。
理解⑤　その本の持っているさまざまな潜在的な意味を考え、その本が読者の読みをどのように組み立てるのかを考える。

本章の残りの部分では、この五つの「理解」を育てるためにどのような働きかけが必要なのかということを考察します。

理解①　本が意図的に目的を持って書かれていて、それが本の体裁や構造にもあらわれていることの理解を育てる。

理解①は、おもに本のパラテクスト性（ジェラール・ジュネット著『スイユ—テクストから書物へ—』和泉涼一訳、水声社、二〇〇一年）に関わります。国語科の「読むこと」領域の学習において、この理解①がクローズアップされることはほとんどありません。それは国語科の学習が国語教科書によって行われることが多いためです。しかし、読書教育にあっては、実際に流通している絵本や本そのものを扱うことができるので、それだけに、この理解①に関わる学習を進めることが国語科の学習の場合よりも進めやすいと考えられます。いや、読書教育でこそ可能になると思われるのがこの理解①の学習であり、それが学校における国語科をはじめとした教科学習におけるリテラシー観を広いものにすると考えられるのです。

いかなるテクストであってもその作り手が「特別な目的」を持っていると想定しながら読むことによって、テクストの解釈は多層的なものとなります。いわゆるポストモダン絵本にはこの点を読者に意識化させる工夫をそなえたものが少なくありません。たとえば、ジョン・シェスカとレイン・スミスの『くさいくさいチーズぼうや&たくさんのおとぼけ話』（青山南訳、ほるぷ出版、一九九五年）についてモラグ・スタイルズは次のように評しています。

『くさいくさいチーズぼうや&たくさんのおとぼけ話』では、作者は一冊の本を作りあげているあらゆる側面をとり上げて問題にしている。つまりこの作品の作者は誰なのか、本についているバーコードは何を意味しているのか、作品でいろんな種類の活字が使われているのはなぜか、目次は何を意味しているのか、などなどをとり上げて問題にする。実際『くさいくさいチーズぼうや&たくさんのおとぼけ話』は、語りのスタイルや作者の声、「間テクスト性」などはもとより、あらゆる表記上の細かなことがらに関わることなしに読むことができない。もっとも、子ども読者がここで掲げたような批評用語を知っているわけではない。（モラグ・スタイルズ（谷本誠剛訳）「トンネルのなかで」、ヴィクター・ワトソン、モラグ・スタイルズ編『子どもはどのように絵本を読むのか』谷本誠剛監訳、柏書房、二〇〇二年、七六頁）

スタイルズは最後に「子ども読者がここで掲げたような批評用語を知っているわけではない」と述べていますが、このことを裏返せば、「子ども読者」でもヒントさえあれば、シェスカとスミスの仕掛けが「意図的」であることに気づくことができ、この絵本をきっかけにして、本の体裁や構造に関する語彙を学んだり、批評用語に接する機会を持つことができるということになります。読書教育のなかにそのようなチャンスがあることを私たちは大切にする必要があります。

『くさいくさいチーズぼうや&たくさんのおとぼけ話』で大胆にパロディ化されている、「カバー」（語り手ジャックにちょっかいを出してもう一人の語り手になろうとする赤いめんどりがカバー裏にまで登場して、「バーコード」や「ISBN」の番号にも文句を言う）や「カバー袖」（語り手ジャックが登場して、本の内容の宣伝をしている）や「見返し」や「扉」（この本では「とびら」と大書されているだけである）や「謝辞」（逆さまに印刷されている）といったパラテクストを、この本の読者は次に別の絵本を読むときに意識することができるでしょう。

読者が自ら読むなかで、そのテクストが「意図的に組み立てられている」という点に注意を払うことは、テクストの言葉と仕組みに注意しながら解釈を営むことになります。その解釈が、読者によって相違する部分と共通する部分があることに目を向けていくことになるのです。

理解②　本の多彩な表現形式を捉えるための見方を育てる。

理解②はその本に内在的な問題を扱ったものです。第Ⅱ部の**5**で、感想を育てるアイディアを述べる際に取り上げた、きたむらさとしの『リリィのさんぽ』（平凡社、二〇〇五年）は、この理解②の学習に適したものであると言うことができるでしょう。この絵本の絵のストーリーと言葉のストーリーは、一見並行しているようですが、ズレを含んでいます。言葉のストーリーの方は、中心人物のリリィの一人語りです。語り手がリリィなのですから、リリィがお使いを頼まれて「さんぽ」をした、そのときに見聞したことが語られていきます。ところが、リリィは飼い犬のニッキーをつれていました。ですから、絵の方はリリィとニッキーが一緒に「さんぽ」をして、その過程で次々に訪れる場所を背景にしながら、リリィとニッキーの姿を画面に収めるかたちで展開していきます。絵の方ではいろいろな不思議なことが起こるのですが、それはニッキーと読者にしか見えず、言葉のストーリーを語るリリィには全く見えていません。絵に描かれたリリィとニッキーはどういうわけか、「さんぽ」のあいだはずっと反対方向を向いているのです。この、絵のストーリーと言葉のストーリーとのズレは、一種のアイロニー（皮肉）と言ってよいでしょう。このズレに目を向けることで、絵本や本の見方についての発見をいざなうことができます。このようなズレに注目して、次のようなことを試みることができます。

1. 最初この絵本の言葉のストーリーだけを読み聞かせる。
2. 絵本の絵を見せながら読み聞かせる。
3. 言葉のストーリーだけを聞いたときと、絵を見たときの違いについて話し合わせる。
4. 『リリィのさんぽ』を各自で黙読して、気づいたことをメモする。
5. 気づいたことを出し合って話し合う。
6. 『リリィのさんぽ』の絵本としての工夫について話し合う。

すべての絵本の言葉と絵がこのような関係にあるというわけではありません。少し変わった絵本だと言うこともできるでしょう。しかし、どのように読むべきかという定式があるわけでなく、むしろどのように読んでいるのかということを出し合うこと、あるいは自分とは異なった読み方を想定してみることが、より生産的な意義を持つと言うことができるでしょう。ジョン・バージャーは「世界における我々の位置を決めるのは、見ることなのである。つまり我々はこの世界を言葉で説明しているけれど、言葉は我々がその世界を見ていて、その世界によって取り囲まれているという事実をどうすることもできない。我々の見ているものと知っているものとの間の関係はいつも不安定である。」（ジョン・バージャー著『イメージ―Ways of Seeing―視覚とメディア―』伊藤俊治訳、パルコ出版、一九八六年、八頁）と述べています。『リリィのさんぽ』のような絵本の場合、このことがよくあらわれています。この絵本を読むときに私たちが働かせるはずの思考は、けっして言葉だけによるものではありません。

私たちがこの絵本を読むなかで「見ているもの」は、私たちの「知っているもの」とどこかでずれていて、しかしそのためにこそ、私たちの思考を刺激するのです。言語記号だけでは不可能なそのような思考が『リリィのさんぽ』を読む過程であらわれるわけです。

理解③　「本」に対して既に持っているイメージや考えを捉え直し、広げる。

理解③は、印刷術等の、書籍と出版に関する歴史認識にも関わることです。表現形式の異なりがテクストの内容にも影響を及ぼす、という認識を育てることにつながります。ここでは、アメリカの実践ですが、コミックブックの構造に関するものを取り上げてみます。

マクラウドの『マンガ学―マンガによるマンガのためのマンガ理論―』（岡田斗司夫監訳、美術出版社、一九九八年）はマンガやグラフィックノベルを「連続的芸術」と定義して、その歴史と構成法・表現法を詳細に解き明かし、それをリテラシー育成の契機とするヒントを与えてくれるものでもあります。そのグラフィックノベルやマンガ、コミックを用いて、理解③のための足場づくりの一つを示したものが、モリソンら（Morrison, Timothy G. et al. "Using Student-Generated Comic Books in the Classroom", *Journal of Adolescent & Adult Literacy*, 2002, 45: 8, pp. 758-767）の提案です。彼らは、①ポピュラーカルチャーはほとんどの中学生の生活に関わっている、②生徒たちはメディア・メッセージの批判的な消費者にならなければならない、③ポピュラーカルチャーが中学生に人気が高いということを否定することはできない、という三つの認識を持ちながら、教室でのコミックブックの意義を説いています。

ポピュラー文化の代表的なものとしてここでは、モリソンらはコミックブックを取り上げているのですが、コミックブックがとくに生徒たちの表現活動を促すものだとして、リテラシーの教育の全般にわたる重要性を指摘しています。

もちろん、重要だと指摘するだけでは不十分であるため、実際に生徒たちに対して「コミックブックの構造」について教えるための具体的提案も行われています。モリソンらの言う「コミックブックの構造」とは「頁のレイアウト」「ストーリーの展開」「描画（人物描写、下書き・清書・彩色、カメラアングル）」「ナレーション」という四つの側面を持つものです。このうち、「描画」の「カメラアングル」については次のように整理されています。

1. ショットを確定することはその場面の設定を確定することだ。
2. 高いアングルのショットは、目線より高いところからのアングルでその場面を描く。
3. 低いアングルのショットは、目線より低いアングルからその場面を描く。
4. 広角ショットとも呼ばれる望遠ショットは、すべての登場人物、行動、設定を一つのコマに収めるものだ。
5. 中間ショットは、行動を前景にも背景にも位置づける。
6. クローズアップショットは、登場人物の感情を表情やその他のしぐさを通して描く、視覚的な感嘆符である。

7. 表情のごく一部だけを見せる極端なクローズアップショットは、激しい感情を反映させたものである。それが無生物に適用される場合、特定の細部に注意を引きつけることになる。
8. 「鳥瞰図」とも呼ばれる見下ろすショットは、空からの、見渡す、見下ろす視座をあらわす。
9. 「蛙瞰図」と呼ばれる見上げるショットは、低い視座をあらわす。この視点から描くと、登場人物が印象的で脅威的に見える。
10. 肩越しのショットとは、文字通り登場人物の肩越しに見えるかたちで描かれるもので、コマの端っこにその人物の頭や肩が描かれることになる。
11. 主観（point-of-view ―「視点」と訳すのが普通であるが、ここでは意訳した）ショットは、登場人物の一人が見たことをあらわす働きをする。
12. 反対のアングルからのショットは、それまでのコマのアングルとは対照的な視座を提供する。

たとえば、このような「コミックブックの構造」についての「見方」をもとにして、マンガやコミックやグラフィックノベルを捉えていくと、それらがなぜおもしろいのかということの解明につながるでしょう。子どもたちに身近な「本」としてのマンガやグラフィックノベルや絵本も、社会やテクノロジーの変化に伴って、変わってきているのだということに関心を抱かせることで、「本」に対する考え方を拡張することができます。こうしたことの指導の積み重ねが、表現形式についての生徒たちの関心を促し、自覚化を促していくことにもつながるでしょう。ヴィジュアルな表現をもとにこうした問題への関心を持たせていくことが文章における表現構造を捉えるための視座を形成するのであり、リテラシー育成の基盤として重要な問題であることは確かです。

理解④ その本がなぜそのように書かれているのかということを、同じ内容の本と比べながら考える。

理解④を育てるために、アンステイは、「シンデレラ物語のさまざまなヴァージョンを見つけ、そこに見られる仕掛けの何がさまざまな読みのきっかけになるのかを考察せよ。」とか「別々の新聞で一つの出来事を違ったかたちで報道しているものを見つけ、これらの別々のヴァージョンや読みがどのようにもたらされたのかということを考察せよ。」という課題を例示しています。このような課題の例示からもわかるように、理解④は異なるヴァージョン間の比較によって可能になる「理解」です。いろいろな本を集めて比較してみることで、この種の理解は達成されるでしょう。神話や昔話や民話の異なる再話者による本を比較してみると、語り口の違いを含めて、それらがどういう文脈を背景とすることになるのか考えることができるはずです。

小学校の低学年であれば、たとえばヤマタノオロチ説話に取材した絵本を二つ取り上げて比べてみてもよいでしょう。幼い読者であっても、二つの話の語り口や、取り上げられているエピソードの違いに「気づく」ことができます。そうした「気づき」を手がかりにして、話というものが語り手によって違ってくるのだという認識を育てることができるでしょう。これは、マスメディアの発信する情報の違いに気づいて、情報を吟味する力の根になるはずです。

小学校高学年から中学校にかけては、比較しながら、その背景にある思想に目を開いていくこともできるでしょう。芥川龍之介の『鼻』や『羅生門』を、芥川が取材した『今昔物語集』や『宇治拾遺物語』のなかの話と比較して、なぜ芥川がこのような作品にしたのかということを考えることができます（中学校や高校の国語科の授業ではよく行われていることです）。太宰治の『走れメロス』と、シラーの『人質』等との比較も同様です。

理解⑤　その本の持っているさまざまな潜在的な意味を考え、その本が読者の読みをどのように組み立てるのかを考える。

理解⑤は理解④と密接に関わります。ですが、この理解⑤は、本の特徴を明らかにすることよりも、むしろその本と読者が交渉するなかで、読者の側にもたらされることに焦点を当てるものです。たとえば、ロボットを扱った書物は少なくありませんが、それらを読んで比較することによって、ロボットとは何か、ということを考えていくこともできます。次のような絵本や本を比べて読んでみることもできるでしょう。

・たむらしげる『ロボットのくにＳＯＳ』福音館書店、一九九六年。
・古田足日『月の上のガラスの町』日本標準、二〇一〇年（初版、童心社、一九七八年）。
・カレル・チャペック著『ロボット─Ｒ.Ｕ.Ｒ.─』千野栄一訳、岩波文庫、一九八九年。

・石黒浩『ロボットとは何か―人の心を映す鏡―』講談社現代新書、二〇〇九年。

四つ目の石黒浩の本にも書かれているように、ロボットとは何かを考えていくことは人間とは何かを考えていくこととほぼ同義であることが、そのような営みを通して明らかになっていくはずです。テーマを設けて比較して読むことで、そのような省察が手に入ることを経験するのは、重要なリテラシーの獲得につながるはずです。そして、このような理解は個々の作品を読んだときの「理解」を広げることになるでしょう。

このような五つの「理解」を可能にするために、たとえば、一冊の本や絵本を素材として、「本」というメディアそのものと、それによって何が伝えられ、何が伝えられないのか、ということを、生徒たちに考えさせていく単元のようなものを想定することができそうです。あるいはそう肩肘を張らなくても、読み聞かせやブックトークの延長線上で、例に挙げたようなことを実行してみると、子どもたちの「本」に対する見方が広がっていくはずです。これら五つの「理解」は、新しい読書教育においても必要となるものでありますし、クリティカル（批評的）リテラシーを育成する上でも重要なものと思われます。それが、またとない「生きた回路」を読書する子どもたちの内側に成り立たせる働きかけとなるのです。

3 「読書による学習」の開拓へ向けて

山元隆春

（1）読書行為の社会性──公共の場で読書することの意味

詩人の長田弘は、アメリカを旅行したおりに、市内電車の車中で読書する人々の光景に触れたときの経験を「パブリックな領域」という文章に綴っています。そのなかで彼は、衆人環視のもとで営まれる読書の必然性について述べ、次のような読書行為についての見解を導いています。

本を読むというのは、どんなに個人的な行為のようであっても、本質的にパブリックな行為でしかない。読むとは、みずから他者の世界にかかわることだからだ。しかし、「公共の乗りもの」にとってかわってきた車が、社会に圧倒的にみちびいてきた文化というのは、いってみれば私有されるものとしての文化というものだったとおもう。ちょうど映画にとってかわってきたＴＶが、おなじ映像メディアであっても、パブリックな空間をつくりだした映画とはちがって、私有される空間をもっぱら日常的に拡大してきたように、だ。（長田弘『読書のデモクラシー』岩波書店、一九九二年、七六頁）

本書では、いくつもの読書教育の考え方や方法論について述べてきましたが、そのいずれについても読書を「個人的な行為のようであっても、本質的にパブリックな行為でしかない」という長田の考え方はあてはまるように思われます。この考え方こそ、読書教育を考える上で鍵となる考え方であると思われるのです。考えてみれば、本を読む「私」という存在がはじめから社会や文化から切り離されて孤立して存在していた、というのは疑わしいことです。はじめからひとりで読者となりえたひとを探すことの方が困難なのです。むしろ高度に情報化された現代は、長田の言う「私有されるものとしての文化」が席巻する社会であり、「パブリックな空間」が狭められた社会であると考えられるでしょう。電子書籍を読むことに抵抗を感じるひとがなぜ少なくないのかと言えば、それが「私有化されるものの文化」のうちにあるためです。「私有化されるものの文化」においては、他者との対話が中心的な関心事とはなりえません。そこでは、むしろ、他者の自己化がしきりに行われ、「パブリックな空間」はなおさら損なわれることになってしまいます。

長田が述べていることは、もちろん、第Ⅱ部で扱った、現代の読書教育の諸相においてもあてはまることなのですが、第Ⅰ部*2*で扱った、椋鳩十の「母と子の二十分間読書」と村中李衣の「読みあい」の実践の価値を改めて解明してくれます。たとえば、村中李衣の次の発言は、本章冒頭の長田弘の発言と見事に照応しているのです。

それから、もうひとつ、今になってわかってきたことがあります。それは、失敗といったほうがいいかもしれない経験も含めて、ひとつずつの出会いがこんなにもいとおしいのは「絵本のおかげ」でも「あなたのおかげ」でも、「わたしのおかげ」でもなく、「絵本がいて、あなたがいて、わたしがいる」からだということ。そうやって、「絵本とあなたとわたしのいる〝場〟」が育てあげられてきたということ、〝場〟をつくり、〝場〟を育てるということこそが、あらゆるコミュニケーションの土台になるのではないかと、考えはじめているところです。（村中李衣『読書療法から読みあいへ――〈場〉としての絵本――』教育出版、一九九八年、一一二頁）

村中は「読みあい」の実践を通して、このような見解を導きました。そのことが、長田の省察と共通するということが興味深く、また、それが読書教育がひとの成長と分かちがたく結びついていることは「読書による学習」を進めていく上で重要な問題です。

（2）　読書行為の推進力

一人の子どもが読者となり、読者としての意識を持つことができるようになる過程で読者としての「内部」が形成されたかどうか、ということは、「私」の成り立ちがまことに捉えがたいものであるのと同じ理由で、とらえることのむずかしい問題です。読者になるということは、そのような「内部」の成立と密接に関わるはずであり、読書行為の意義もまた、各々の主体の内側に「内部」を成り立たせることができるかどうかにかかっています。その「内部」が「パブリックな空間」につながるからなのです。

このパブリックな「空間」が、主体の「内部」の、書物を受容するための空間となります。第Ⅰ部1で考察したバリー・サンダースの「内部」の「形成」に関する見解をもう一度確かめてみます。

識字化された人は、現実を体内に「摂取」する。現実を自分のなかに取り入れ、自分が必要としているものと必要としていないものとを選り分ける。食物摂取のメタファーはピッタリだ。というのは、読むという行為のなかで、人は「雑食」になることを覚え、あらゆる種類・本質・形の概念をむさぼり喰うからである。読み書きによって能動的で、ときに熟考する生活が営まれる「内部」が生成され、それは記憶・意識・自己という現代人を構成する必要不可欠な要素をとおして実現される。（バリー・サンダース著『本が死ぬところ暴力が生まれる—電子メディア時代における人間性の崩壊—』杉本卓訳、新曜社、一九九八年、八七〜八八頁）

これは、人はなぜ読むのかということについての一つの答えでもあります。活字を追い、それを解読し、鑑賞し、そしてそれらを記憶にとどめたり、忘却したりしながら、私たちは自らの「内部」を少しずつ形成していきます。そのようなことが、映画やテレビ、あるいはマンガの受容体験においても可能であるとすれば、そのことと読書とのつながりを私たちはいっそう考えていく必要があります。たとえば、夏目房之介によるマンガの「吹き出し」の考察（夏目房之介『マンガはなぜ面白いのか―その表現と文法―』日本放送出版協会、一九九七年）は、この問題を考える一つの手がかりとなります。「吹き出し」に用いられている言葉を、たとえば夏目が行っているように詳細に考察することは、「読書」の能力を発揮しなければかなわないことです。それが「能動的で、ときに熟考する生活が営まれる『内部』」を形成していくことにつながるのです。あるいはまた、阿部嘉昭が高野文子のマンガ「美しき町」や「黄色い本」に即して指摘した「ひとつのマンガが既存の別のメディア作品を類似項として呼び寄せてしまう作品の開かれ方」（阿部嘉昭『マンガは動く』泉書房、二〇〇八年、三九頁）に注目することによって、書物を読むという行為についての新たな発見が呼び起こされることでしょう。

活字メディアと電子メディア・映像メディアとの質的な異なりを、子どもの目と心と言葉で捉えさせていくことが大切な営みになっていくと考えられます。新たなメディアの広がりに歯止めをかけることなどできはしないのですから、そうしたメディアの読み方を伝え、メディアの違いに気づかせていくことの方が必要になります。

（3） プライベートとパブリックの共存――読書による学習を支えるもの

既に見てきたように、読書教育の方法として展開されているものは、「黙読」か「音読」かのどちらかに焦点化したり、そのいずれをも含み込むものが少なくありません。第Ⅱ部で扱った、書物と読者との出会いを促す方法のうち、「ブックトーク」や「読書へのアニマシオン」は、それ以外の要素も含み持つことになります。それらの方法にしても、紹介した書物を子どもが手に取って、まずは黙読しながら受容するということが想定されていました。しかし、「音読」「朗読」が過去に属する方法かというと、必ずしもそうではありません。アルベルト・マングェルは次のように述べています。

熱心な聞き手に読み聞かせるという行為はまた、読み手にとってもある緊張感を感じさせるものでもある。飛ばし読みをしたり前のページに戻ったりはできず、あくまでもきちんとした形式に則ってテクストを読み進めていかなければならないからだ。ベネディクト派の修道院であれ、中世後期のヨーロッパの冬の居間であれ、ルネサンス期の旅籠や台所であれ、一九世紀の葉巻工場であれ、あるいは今日、例えば高速道路を運転しながら声優の朗読をカセットテープで聞く場合であれ、朗読を聞くということは、読み方の調子を選んだり、要点を絞ったり、お気に入りの一節に戻ったりというような、読書行為における読者の自由といったものの一部を奪い去るものであることは間違いない。しかしながら、それと同時に、朗読は、本来いろいろな形で利用できるテクストに、ある独自の主体性を与えるものであることも確かである。時間的な側面からみたテクストの連続性や、空間的側面からみたテクストの広がりは、一人で気儘に読書している場合にはまず得られない感触なのである。（アルベルト・マングェル著『読書の歴史―あるいは読者の歴史―』原田範行訳、柏書房、一九九九年、一四三頁）

マングェルが言うように、「朗読」すなわち「読み聞かせ」は確かに「一人で気儘に読書している場合にはまず得られない感触」をもたらす行為です。このために、幼い子どもでなくても、「読み聞かせ」を日常的な読書行為とは異なるもう一つの受容行為とすることができます。「時間的な側面からみたテクストの連続性」と「空間的側面からみたテクストの広がり」を享受することによって、読者の内面に新たな「時空」が出現するのです。読書教育において「読み聞かせ」を行うのも、このゆえなのではないでしょうか。

一方、「黙読の時間」の試みはどうでしょうか。わが国では「朝の十分間読書」として、おもに学校現場に定着したかに見える「黙読の時間」ですが、そこでは、読書による内的「時空」の共有はほとんどといってよいほどめざされていません。それは「感想」を求めずに、読書によって各人が心に得たものを強いて交流させることなく、むしろ、ひたすらに読むという場を沈黙のうちに共有しようとする試みであったと言うことができるでしょう。「黙読の時間」の試みに対する批判は、そのような場の共有がある程度の強制を伴ってあらわれるというところに向けられていました。しかし、「黙読」というかたちを学校で取り入れる場合、この場の制約を抜きにすることはできません。「黙読」が、少なくとも何らかの場の制約のもとに一般化したと考えられるからです。むしろそのような制約と引き替えに、読むという場を共にするということによって、「黙読」の機会がもたらされるというところに、この試みの主眼はあります。それゆえ、図書館や図書室で本を読むことのはじまりの姿を示しているとも言えるでしょう。読み聞かせも含めた「音読」と「黙読」を共存させること、そして個人のプライベートな読書行為とパブリックな場での読書行為を共存させることが求められています。そうしたプライベートとパブリックの行き来を繰り返すということこそ、現在の読書生活において必要なことなのです。

(4)「読書による学習」の開拓へ

メアリアン・ウルフ著『プルーストとイカ―読書は脳をどのように変えるのか?―』(小松淳子訳、インターシフト、二〇〇八年)では、脳と読書との関係が掘り下げられています。著者のウルフは、アメリカ・タフツ大学の小児発達学の権威で、ディスレクシア(難読症)の専門家であり、最新の脳科学の成果をもとにして論述を展開しています。タイトルにある「プルースト」は『失われた時を求めて』の作者マルセル・プルーストのことで、「イカ」は皆さんもよくご存知の烏賊(イカ)のことです。イカは運動をつかさどる中枢神経の研究の素材となるものですが、この本のなかでは脳科学や神経科学のような科学的なアプローチの象徴として用いられています。

この本の第5章「子どもの読み方の発達史—脳領域の新たな接続—」から第6章「熟達した読み手の脳」にかけて、読みの育ちの五段階が、次のように示されています。

1．まだ文字を読めない子ども
2．読字初心者
3．解読に取り組んでいる読み手
4．流暢に読解する読み手
5．熟達した読み手

就学前の子どもは右の「1」の段階にあたるものと思われます。この段階では「ひざの上での読書」（読み聞かせや両親が子どもの傍らで読むことなど）がとても大切であると、ウルフは言っています。「ひざの上での読書」というのはなんとも響きのよい、素敵な言葉です。それがすべての源である、ということもよくわかります。

もう一つ、大切なことだとウルフが言うのは、「正確さ」（3）と「流暢さ」（4）とのあいだの壁を踏み越えることです。この壁を踏み越えることで、ひとは「成熟した読み手」になっていくと彼女は言います。「正確に」読むことができていれば「流暢に」も読むことができるという考え方は思い込みに過ぎないとウルフは書いています。

では、「流暢さ」はどのようにしたら手に入るのでしょうか。残念ながらウルフの本では、その答えは読者各自が見つけてくださいとしか書かれていませんが、ヒントとして掲げられているのは、読むことに「没頭する」というプルーストの言葉でした。「没頭する」ことを英語で言うと「インヴォルヴメント（involvement）」です。プルーストの『失われた時を求めて』には、その「没頭する」状態が次のように表現されています。

小説家の着想がすばらしいのは、魂が入り込むことのできない部分を、同じ量の非物質的部分、つまり、私たちが同化しうる部分に置き換えることを考えついたという点にある。架空の、という新たな範疇に入る人物たちの行動や情動がほんとうのものに見えたとして、いったい何が問題だというのだろう——小説のなかの彼らの行動や情動はすでに私たちのものでもあるのだし、そして、そうした行動や情動が生まれるのも、また、それらが、無我夢中でページを繰る私たちを支配下に置いて、息遣いを早くさせたりページに注ぐ視線に勢いを与えたりするのも私たちの内面でのことなのだから。純粋に内的な状態というのはすべてそうなのだが、あらゆる情動が十倍になり、読んでいる本が夢のように、それも睡眠中に見る夢よりもはっきりした夢、その記憶がさらに長続きする夢のかたちをとって私たちの心をかき乱す、そんな状態に小説家によってひとたび投げ込まれると、私たちのなかには、ほんの一時間くらいのうちに、ありとあらゆる幸福や不幸が一気に解き放たれる。実人生であれば、そのうちのいくつかを知るだけでも何年もの時間が必要だろうし、最も強烈な幸福や不幸などは、あまりにゆっくり形成されるために私たちには知覚することすらできず、結局明かされぬままで終わるしかないだろう（かように私たちの心は実人生にあっては変化する。それはこれ以上ないほどの苦しみである。ただ、そうした苦しみを私たちが経験するのは読書の時間に想像力を通してでしかない。現実にはたしかに心は変わってゆくけれど、それはある種の自然現象がそうであるように、きわめてゆっくりとした変化なので、変化したさまざまな状態をあとから確認することはできるとしても、変化の感覚そのものは私たちにはない）。（マルセル・プルースト著『失われた時を求めて1　第一篇「スワン家のほうへⅠ」第一部コンブレー』高遠弘美訳、光文社古典新訳文庫、二〇一〇年、二〇八〜二〇九頁）

『失われた時を求めて』の語り手という熟達した読者の「没頭する」さまと、その「没頭する」最中に語り手の内部で起こっていることがここでは語られています。このように「没頭する」ことにはどのような意味があるのでしょう。

ＰＩＳＡ（Programme for International Students Assessment：国際生徒学力調査プログラム）に参加した国々のうち、アメリカ合衆国、連合王国、アイルランド共和国の三つの国の生徒たちのデータを分析した論文があります（Brozo, William G., Shiel, Gerry, and Keith Topping. “Engagement in Reading: Lessons Learned from Three PISA Countries" *Journal of Adolescent & Adult Literacy*, 2007, 51: 4, pp. 304-315)。その論文のなかでは"reading engagement"（リーディング・エンゲージメント）が大切なのだと書かれてありました。次のように述べられています。

reading engagement は、一五歳以上のひとびとが読みの技能を保持して、それをさらに発達させる上で重要なものである。国際成人リテラシー調査（International Adult Literacy Survey）によれば、読みの技能は、それらを用いることなく初期教育を終えてしまった場合には低下する可能性があるという（OECD & Statistics Canada, 1995）。engagement in reading はそれゆえ、生涯にわたる学習の成功を約束するものなのである。

「エンゲージメント（engagement）」という英語には、通常、「契約」とか「関与」「従事」という訳語があてられます。相手や対象と深い契りを結ぶことが「エンゲージ」「エンゲージメント」という言葉の持つ意味です。ですから reading engagement とは「読むこととの深い契り」というほどのことになるでしょう。日本のＰＩＳＡの報告書では「取り組み」と訳されています。この「エンゲージメント（engagement）」（深い契り、関わり）は、「没頭する」という意味の「インヴォルヴメント」と関わりの深い言葉です。読み聞かせを一心に聞いている幼児たちは、本との「深い契り」を営んでいることになりますし、聞くことに「従事」し「没頭」していることになります。さまざまなかたちでの「エンゲージメント」と「インヴォルヴメント」の経験に幼いときから取り組んでいくことが、やがて「学び」に向かう心の構えとして成長していくはずです。読み聞かせ・読み語りに始まって、さまざまな読書による学習に取り組んでいくなかで、子どもたちはそういうふうにして熱心な読者に育っていくのです。それは、ドリルでは育てることのできないものであって、一心に本と交わるなかで時間をかけて育ちゆくものであると考えます。

「関わり」「没頭する」という体験の繰り返しのなかで、メアリアン・ウルフの言う「流暢さ」が育つのです。たくさんの不思議が書かれた本に「関わり」「没頭する」ことが読みの「流暢さ」を生み出すと言うのです。そうやって「与えられた情報を踏み越える」力が育つというわけです。思えば私たち大人も、たくさんの不思議を「踏み越え」て、新しいことを発見し、新しい世界と出会い続けてきたのではないでしょうか。「読書による学習」は、そのようにして子どもに、頭と心を働かせて読むこと（mind reading）のありようを伝え、育てていく道なのです。

資料編

1 子どもの読書の現在

―全国ＳＬＡ研究部・調査部「第60回　学校読書調査報告」より―

調査概要

全国学校図書館協議会が毎日新聞社と共同で毎年実施している「学校読書調査」が、今年で60回目を迎えた。この間、児童生徒の読書実態や読書環境に関する全国規模の調査として各方面から厚い信頼を受け、広く活用されてきた。この調査では「児童生徒がどんな本をどれだけ読んでいるか」を継続して尋ねるとともに、児童生徒を取り巻く読書環境にかかわりの深い設問を、その時期にあわせて尋ねることとしている。

さて、２００９年３月の、文部科学省「子どもの読書サポーターズ会議」による「これからの学校図書館の在り方等について」の報告で、子どもの読書活動の現状とともに、今後の学校図書館が備えるべき役割等についての方向性が示され、「学校図書館担当職員の役割及びその資質の向上に関する調査研究協力者会議」等でも検討された。また、２０１４年６月の「学校図書館法」改正により、学校司書が法制化された。今後の読書環境の充実がまたれる。

一方、２００８年３月に告示された「小学校学習指導要領」は、告示からすでに6年を経た。その後に告示された中学校・高等学校の指導要領とともに、その実施状況と成果が注目されている。学習指導要領には、①「生きる力」の育成、②知識・技能の習得と思考力・判断力・表現力等の育成、③豊かな心や健やかな体の育成、が打ち出されており、いずれも学校図書館の充実なくしては達成できないことばかりである。「教科書は変わったが授業が変わらない」という声も少なくないが、文部科学省でも学校司書の配置や図書・新聞購入について予算措置を講じ、学校図書館の充実を推進している状況である。

地域においては「読書活動」に対する関心が高まり、学校においても「ブックトーク」「アニマシオン」「資料活用」「著作権の尊重」などの内容が研修会で取り上げられるようになった。また、「読み聞かせ」「全校一斉読書」「読書ボランティアの導入」等の取組みも確実に広がりを見せている。さらに、新聞やテレビなどのメディアも「言葉の力や豊かな心を育てるためには読書が有効である」という主張を相次いで取り上げている。こうした状況の中で、近年のＰＩＳＡ調査では、日本の児童生徒の言語理解力や表現力に関して改善が見られたという状況を伝えている。他方、電子機器の発達によりインターネットによる情報交換や情報収集が日常化し、電子書籍による読書にも関心が向いている。

このような一連の動きの中で、児童生徒の読書状況がどう変化しているのかを把握し、実態を明らかにしていくことは、児童生徒のみならず国民読書全体の活性化の方向性を示すことにつながる。

今回の調査では、児童生徒が新聞をどのように読んでいるのか、読みたい本をどのように選んでいるのか、また情報端末や電子書籍にどの程度親しんでいるのかについての質問も加えた。

最後になるが、貴重な時間を割いて調査にご協力いただいた数多くの先生がた、児童生徒の皆さんに感謝申し上げる。

（磯部）

【調査報告担当者】
磯部延之（東京都稲城市教育センター研究主事、全国学校図書館協議会調査部長）

腰越　滋（東京学芸大学准教授）
小林　功（埼玉県立大宮中央高等学校司書教諭）
小日向輝代（埼玉県越谷市立東中学校司書教諭）
五月女保幸（埼玉県川口市立元郷中学校教頭）
竹村和子（全国学校図書館協議会研究部長）
千葉尊子（横浜市立下野谷小学校教諭）
山田万紀惠（埼玉県川越市立高階小学校司書教諭）

〈調査方法の概要〉

▼調査者＝全国学校図書館協議会、毎日新聞社　▼調査期間＝２０１４年６月第１・２週　▼調査対象＝全国の小学校49校、中学校54校、高校37校。小学生（４・５・６年生）４１７９名、中学生（１・２・３年生）４４９９名、高校生（１・２・３年生）４０６５名。小・中学校については、大都市・中都市・小都市・郡部に分けサンプル校を抽出、高校は全日制課程のみで学科別にサンプル校を抽出。▼調査方法＝質問紙法。小学校は45分、中・高校は50分、教員が説明し教室で実施。

第60回　学校読書調査報告

(1)５月１か月間の読書冊数（本）／読んだ本の名まえ

小学生（４年生～６年生）の読書冊数は増加、中・高校生はわずかに減少
―５月１か月間に本を何冊読んだか―

小学生は11・４冊、昨年より１・３冊増加、過去最高と同数

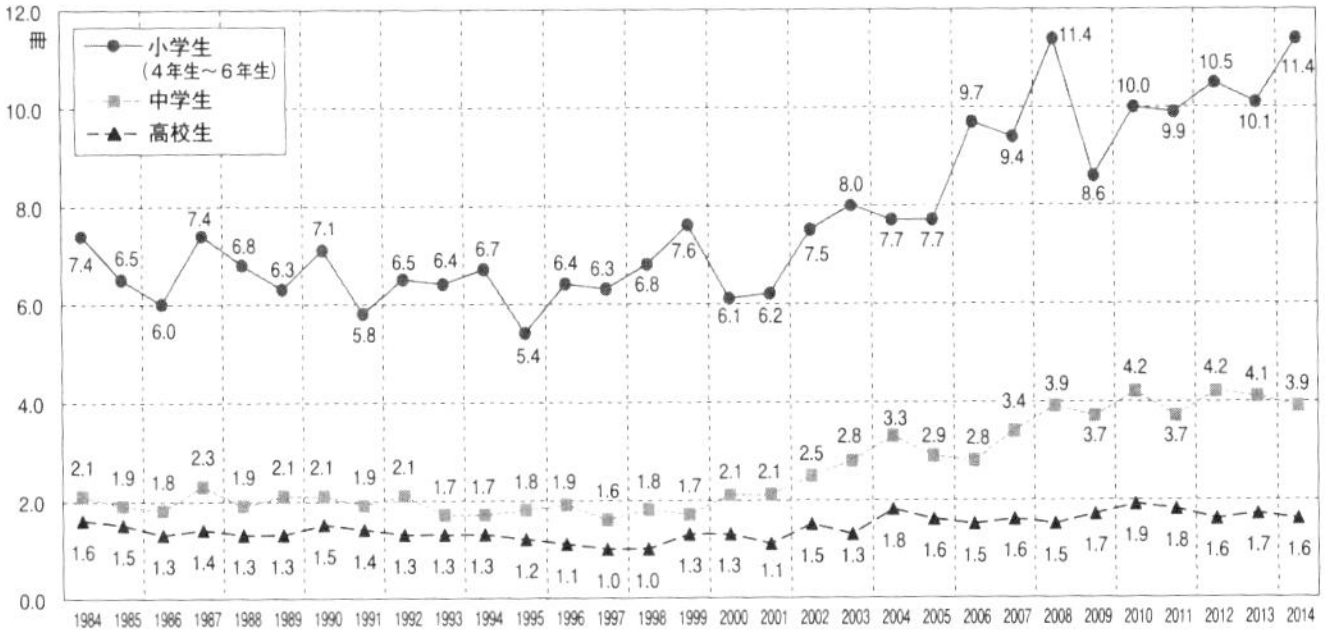

図1－1　過去31回分の5月1か月間の平均読書冊数の推移

昨年の小学生の読書冊数は10・1冊であった。今回の調査では11・4冊と1・3冊増加し、2008年の最高冊数と同じであった（図1－1）。

学年別に見てみると、4年生は13・4冊から13・9冊と0・5冊の増加、5年生は10・3冊から12・3冊と2・0冊の増加、6年生は6・8冊から8・3冊と1・5冊の増加であった。どの学年も増加している。特に5年生は2・0冊と大幅に増えている。

男女別に見てみると男子は9・0冊から9・8冊と0・8冊の増加、女子は11・4冊から13・1冊と1・7冊増加している。男子の増加も見られるが女子の増加が大きく見られた（図1－2）。また、小学生の不読者数は昨年の5・3%から3・8%と1・5ポイント減少していて、読書冊数の伸びだけではなく、不読者の減少も喜ばしいことである（図1－4）。

10冊から15冊読んだ児童は18・9%、16冊以上23・4%と全体の42・3%が10冊以上の本を読んでいて、昨年の10冊以上を読んだ割合（35・7%）と比較しても、多読な児童が増加している。

小学校においては読書タイムなど全校一斉読書の時間を確保し、読書活動が推進されている。これは2002年からの読書活動推進計画が各市町村にまで広がり定着してきた成果の表れではない

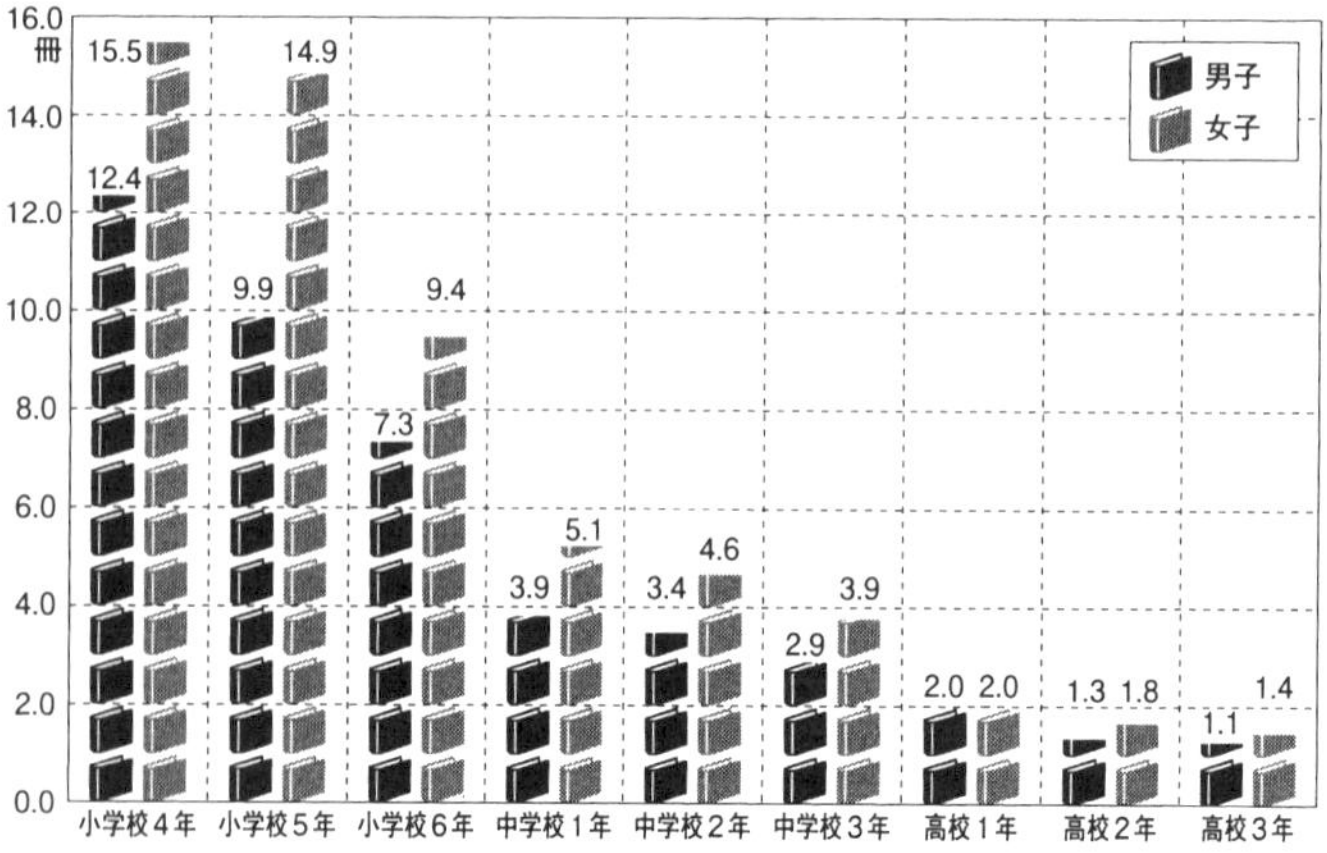

図１－２　学年別・男女別５月１か月間の一人あたりの平均読書冊数

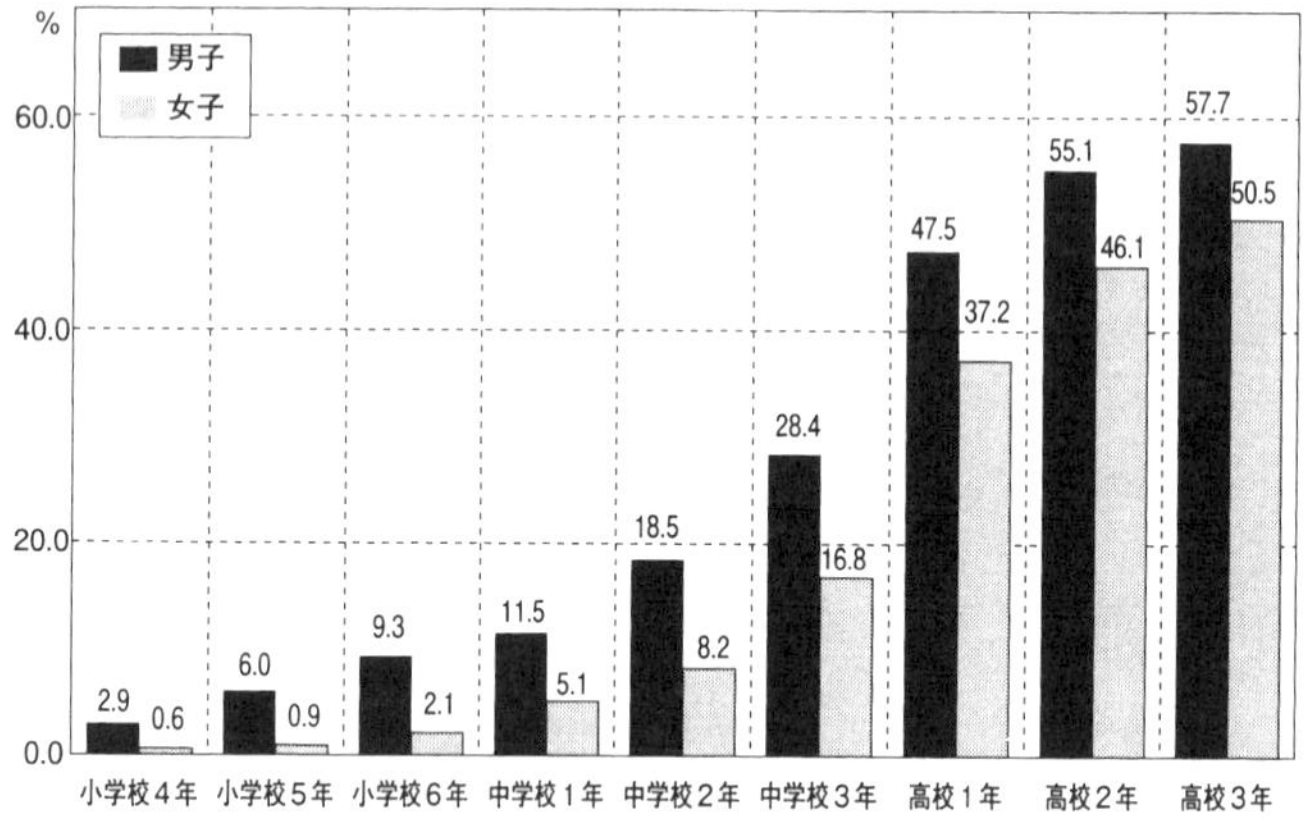

図１－３　学年別・男女別不読者（０冊回答者）

かと考えられる。また、現行の学習指導要領は言語活動を重視しており、より言語活動が推進される授業の展開が求められている。国語科の教科書でもたくさんの本が紹介されている。また、家庭・地域との連携・協力においても読書の大切さが伝えられ、活性化が図られている。

これからも、児童に読書の楽しみや大切さを積極的に味わわせ、興味・関心を保ち、たくさんの良い本との出会いを推進していきたい。

中学生は3・9冊、不読率は減少

中学生の読書冊数は今回の調査で3・9冊となり、昨年の4・1冊より0・2冊減少したがほぼ変わらない結果である。中学校1年生の男子が4・7冊から3・9冊と0・8冊減少し、中学校2年生の男子は3・8冊から3・4冊と0・4冊減少、中学校3年生の男子は2・9冊で前年と同じであった。中学校1年生の女子は5・1冊で前年と同数であった。中学校2年生の女子は4・8冊から4・6冊と0・2冊の減少であった。中学校3年生の女子は昨年の3・8冊から3・9冊と0・1冊増加したがほぼ変わらない（図1－2）。減少と増加の学年があり、結果的には、中学生の全体で女子は4・5冊と同数であった。このことから、今年0・2冊の減少は中学校1年生と中学校2年生の男子の冊数と中学校2年生の女子が減少したことが要因だと考えられる。

今回の調査で中学生の不読率が昨年の16・9％から15・0％と1・9ポイント減少した。昨年の不読率は微増傾向だったが今年は男女問わず全ての学年で減少している（図1－4）。

不読率の低下の要因は小学校同様、全校一斉読書が行われて読書の時間が確保されてきたことや、小学校時代から読書に親しむ習慣が定着するなどのさまざまな成果が出てきたからではないかと考えられる。

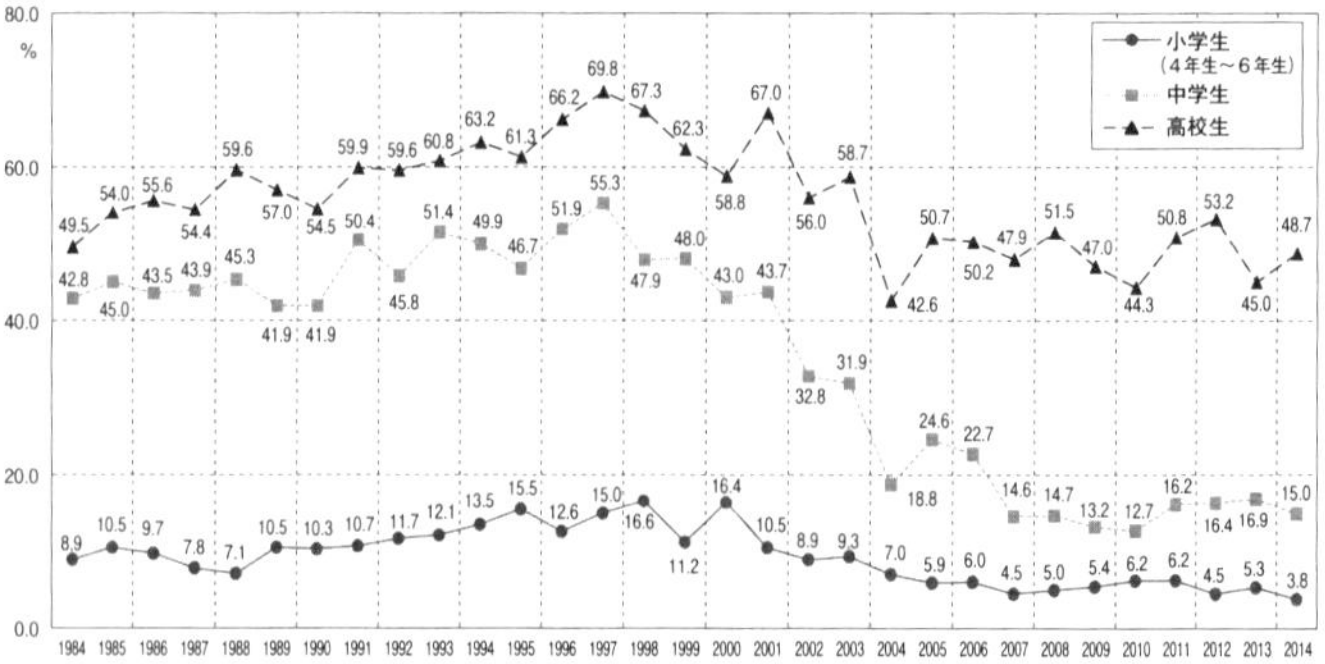

図１－４　過去31回分の不読者（０冊回答者）の推移

これからも中学生が読書への興味・関心を深め、良書との出会いの場が持てるように意図的・計画的に読書指導をしていきたい。

高校生は１・６冊で、不読率は３・７ポイント増加

高校生の読書冊数は今回の調査で昨年の１・７冊から１・６冊に０・１冊減少した。どの学年も０・１冊減少した。高校１年生と２年生の女子は読んだ本の冊数は同じであったが、３年生の女子は０・１冊減少した。男子は１年生で０・２冊の減少、２年生で０・３冊の減少、３年生で０・１冊減少した。しかし、減少の幅は狭く読書離れになっているとは考えにくい。

昨年減少した不読率が今回は45・０％から48・７％と３・７ポイント増加した。昨年は不読率が８・２ポイント減少したが、今年は３・７ポイントの《ママ》増加しているものの、一昨年より不読率は減少している。しかし、高校生の半数近くが１か月に１冊も本を読まないことは考えていかなければならない課題である。

高校生になると、全校一斉読書の時間が行われているところは少なく、読書は全く個人の自由になることが多い。アルバイトをしたり、部活動をしたり、スマートフォンでゲームをしたりと自分の判断で時間を使う。特にスマートフォンの普及率はここ数年

で急速に増え、電車内で利用する高校生の姿をよく見かける。学校での読書指導も学校間で格差があり、本を紹介する図書館便りなどを熱心に発行している学校もあるが、全くない学校もある。

不読率を減少させ、生涯にわたって読書に親しむことができ、本との関わりがある生活が送れるような教育をするにはどうしたらいいのか、考えていかなければならない。

（山田）

小・中・高でシリーズものが人気

―読んだ本の名まえ―

今回もシリーズものが読まれている

「5月1か月の間に読んだ本の名まえ」を尋ねた項目である。全体を見渡すと、学年、男女問わずシリーズものが多く読まれている。

小学校4年生男子では今年も原ゆたかの「かいけつゾロリ」をはじめ、「シャーロック・ホームズ」がシリーズで入っている。昨年まで読まれていた「○○レストラン」シリーズが上位には入っていなかった。このほかには、友だちと一緒に楽しめる絵さがし絵本「ミッケ！」「日本の歴史」「西遊記」、漫画と科学的な説明で構成される「原子力のサバイバル」などの科学漫画サバイバルシリーズが挙げられていた。

5年生男子の1位は「シャーロック・ホームズ」シリーズで、「かいけつゾロリ」「ハリー・ポッター」シリーズなども挙げられている。4年生と比べると「かいけつゾロリ」シリーズは減り、「織田信長」や「徳川家康」「ベートーベン」などの伝記、多くのタイトルが出版されている「日本の歴史」など読書の幅

●5月1か月間に読んだ本（男子）

下表は、小・中・高とも出度数順に配列（右の数字は出度数）。○数字は巻号。
＊：複数の巻からなるもの　☆：著者が異なる同一書名の本が複数あるもの

小4

ミッケ！＊	16	かいけつゾロリの大金もち	10
かいけつゾロリとまほうのへや	14	かいけつゾロリのきょうふのサッカー	10
日本の歴史☆＊	14	かいけつゾロリの大どろぼう	10
かいけつゾロリつかまる!!	11	かいけつゾロリやせるぜ！ダイエット大さくせん	10
かいけつゾロリのてんごくとじごく	11	アナと雪の女王☆	9
かいけつゾロリのメカメカ大さくせん	11	かいけつゾロリの大かいぞく	9
原子力のサバイバル②	11	かいけつゾロリたべるぜ！おおぐいせんしゅけん	9
西遊記☆＊	11	かいけつゾロリちきゅうさいごの日	9
注文の多い料理店	11	かいけつゾロリはなよめとゾロリじょう	9
かいけつゾロリイシシ・ノシシ大ピンチ!!	10	シャーロック・ホームズシリーズ＊	9

小5

シャーロック・ホームズシリーズ＊	22	アナと雪の女王 ☆	8
かいけつゾロリのだ・だ・だ・だいぼうけん！＊	18	かいけつゾロリカレーvs.ちょうのうりょく	8
ミッケ！＊	14	西遊記☆＊	8
織田信長☆	11	名探偵コナン11人目のストライカー	8
かいけつゾロリつかまる!!	11	メッシ☆	8
日本の歴史☆＊	10	かいけつゾロリのきょうふのやかた	7
火山のサバイバル	9	かいけつゾロリのてんごくとじごく	7
ハリー・ポッターと賢者の石	9	徳川家康☆	7
ハリー・ポッターと炎のゴブレット＊	9	ベートーベン☆	7
星のカービィ あぶないグルメ屋敷!?の巻	9	ぼくらの七日間戦争	7

小6

日本の歴史☆＊	127	豊臣秀吉☆	10
江戸川乱歩シリーズ＊	21	ハリー・ポッターと賢者の石	10
織田信長☆	18	エジソン☆	9
ぼくらの七日間戦争	16	怪盗ルパンシリーズ＊	9
シャーロック・ホームズシリーズ＊	13	チームふたり	9
三国志☆＊	12	ぼくらのデスマッチ	9
西遊記☆＊	11	ガラスのうさぎ	8
ぼくらの天使ゲーム	11	星のカービィ あぶないグルメ屋敷!?の巻	8
坂本龍馬☆	10	恐竜世界のサバイバル②	7
徳川家康☆	10	聖徳太子☆	7

中1

永遠の0	19	ハリー・ポッターと炎のゴブレット＊	11
ぼくらの七日間戦争	19	「弱くても勝てます」	11
カゲロウデイズ②	17	カゲロウデイズ④	10
青鬼	16	黒子のバスケ②	9
カゲロウデイズ①	16	ルーズヴェルト・ゲーム	9
カゲロウデイズ③	15	青鬼 復讐編	8
心を整える。	14	王様ゲーム	8
ハリー・ポッターと死の秘宝＊	13	ギネス世界記録2010	8
空想科学読本⑥	12	空想科学読本⑨	8
図書館戦争	12	三匹のおっさん	8
ハリー・ポッターと賢者の石	12	ぼくらの大冒険	8
リアル鬼ごっこ	12	名探偵コナン11人目のストライカー	8
カゲロウデイズ⑤	11	名探偵コナン 異次元の狙撃手	8
シャーロック・ホームズシリーズ＊	11	名探偵コナン 沈黙の15分	8

中2

永遠の0	22	ツナグ	8
「弱くても勝てます」	18	×(バツ)ゲーム	8
ハリー・ポッターと賢者の石	16	ハリー・ポッターと不死鳥の騎士団＊	8
王様ゲーム	13	ぼくらの七日間戦争	8
心を整える。	13	真夏の方程式	8
ハリー・ポッターと死の秘宝＊	13	ルーズヴェルト・ゲーム	8
江戸川乱歩シリーズ＊	12		
カゲロウデイズ⑤	12		
カゲロウデイズ①	11		
三国志☆＊	10		
ONE PIECE FILM Z	10		
図書館戦争	9		
カゲロウデイズ②	8		
カゲロウデイズ③	8		

中3

王様ゲーム	24	王様ゲーム 臨場	7
永遠の0	19	カゲロウデイズ⑤	7
カゲロウデイズ②	11	三匹のおっさん	7
終物語＊	10	ノーゲーム・ノーライフ③	7
図書館戦争	10	ノーゲーム・ノーライフ④	7
ノーゲーム・ノーライフ①	10	ハリー・ポッターと賢者の石	7
リアル鬼ごっこ	10	ルーズヴェルト・ゲーム	7
カゲロウデイズ①	9		
カゲロウデイズ③	9		
青鬼	8		
王様ゲーム 終極	8		
カゲロウデイズ④	8		
ノーゲーム・ノーライフ②	8		
真夏の方程式	8		

高1

永遠の0	10	リアル鬼ごっこ	4
悪の教典＊	7	密室の鍵貸します	4
王様ゲーム	7	「弱くても勝てます」	4
カゲロウデイズ①	6		
カゲロウデイズ③	6		
カゲロウデイズ④	6		
ソードアート・オンライン①	6		
化物語＊	6		
真夏の方程式	6		
カゲロウデイズ②	5		
ソードアート・オンライン⑤	5		
ノーゲーム・ノーライフ⑥	5		
モニタールーム	5		
心を整える。	5		
ソードアート・オンライン②	4		
ソードアート・オンライン③	4		
ソードアート・オンライン⑦	4		
ノーゲーム・ノーライフ③	4		
ノーゲーム・ノーライフ④	4		
ノーゲーム・ノーライフ⑤	4		

高2

王様ゲーム	8	ソードアート・オンライン⑦	3
ノーゲーム・ノーライフ①	7	ソードアート・オンライン⑭	3
ノーゲーム・ノーライフ②	7	ドロップ	3
ソードアート・オンライン⑧	6	ノーゲーム・ノーライフ④	3
永遠の0	5	ホーンテッド・キャンパス②	3
カゲロウデイズ⑤	5	武士道シックスティーン	3
ノーゲーム・ノーライフ③	5	ぼくたちと駐在さんの700日戦争①	3
氷菓	5	真夏の方程式	3
悪の教典＊	4	リアル鬼ごっこ	3
カゲロウデイズ①	4	レディ・ジョーカー＊	3
キリン	4		
ソードアート・オンライン⑤	4		
復讐したい	4		
青鬼	3		
神様のカルテ②	3		
ソードアート・オンライン①	3		
ソードアート・オンライン②	3		
ソードアート・オンライン③	3		
ソードアート・オンライン④	3		
ソードアート・オンライン⑥	3		

高3

心を整える。	6	三匹のおっさん	2
永遠の0	4	ストロベリーナイト	2
終物語＊	4	ソードアート・オンライン②	2
GOSICK＊	4	ソードアート・オンライン③	2
ボックス！＊	4	ダレン・シャン④	2
村上海賊の娘＊	4	ドアD	2
ルーズヴェルト・ゲーム	4	名のないシシャ	2
親指さがし	3	ノーゲーム・ノーライフ④	2
ソードアート・オンライン①	3	ノーゲーム・ノーライフ⑤	2
ソードアート・オンライン⑭	3	ノーゲーム・ノーライフ⑥	2
ダヴィンチコード＊	3	パズル	2
リアル鬼ごっこ	3	緋弾のアリア⑰	2
あの日見た花の名前を僕達はまだ知らない＊	2	ブラック・ブレット⑦	2
エルデスト＊	2	プラチナデータ	2
王様ゲーム	2	ブリジンガー＊	2
カゲロウデイズ②	2	もし高校野球の女子マネージャーがドラッカーの『マネジメント』を読んだら	2
クローン・ベイビー①	2	夢をかなえるゾウ	2
黒子のバスケ⑤	2	妖怪アパートの幽雅な日常①	2
殺意は必ず三度ある	2	「弱くても勝てます」	2
三国志☆＊	2		

●5月1か月間に読んだ本(女子)

下表は、小・中・高とも出度数順に配列（右の数字は出度数）。○数字は巻号。
＊：複数の巻からなるもの　☆：著者が異なる同一書名の本が複数あるもの

小4

アナと雪の女王☆	52	不思議の国のアリス	9
黒魔女さんが通る!!②	30	マザー・テレサ☆	9
ミッケ！＊	22	マジックツリーハウス②女王フュテピのなぞ	9
ヘレン・ケラー☆	14	おおかみこどもの雨と雪	8
赤毛のアンシリーズ＊	12	かいけつゾロリの大かいぞく	8
長くつ下のピッピ	10	かいけつゾロリのチョコレートじょう	8
アリクイにおまかせ	9	黒魔女さんが通る!!⑮	8
かいけつゾロリとまほうのへや	9	ナイチンゲール☆	8
殺人レストラン	9	ナツカのオバケ事件簿③ゆうれいドレスのなぞ	8
鏡の国のアリス	9	なんだかんだ名探偵	8
ナツカのオバケ事件簿⑤わらうピエロ人形	9	マジックツリーハウス①恐竜の谷の大冒険	8
100万回生きたねこ	9	幽霊屋敷レストラン	8

小5

アナと雪の女王☆	33	アリクイにおまかせ	8
黒魔女さんが通る!!②	21	一期一会 運命ってヤツ。	8
赤毛のアンシリーズ＊	19	一期一会 スキだから。	8
不思議の国のアリス	17	カゲロウデイズ①	8
ハッピーバースデー＊	16	ハリー・ポッターと賢者の石	8
一期一会 恋チョコ?友チョコ?	13	晴れた日は図書館へいこう	8
ヘレン・ケラー☆	13	マジックツリーハウス⑫夜明けの巨大地震	8
ナツカのオバケ事件簿⑦深夜のゆうれい電車	9	ミッケ！＊	8
マジックツリーハウス⑦ポンペイ最後の日	9		
若おかみは小学生④	9		
絶叫学級 禁断の遊び編	9		
悪夢ちゃん 謎編	8		

小6

アナと雪の女王☆	29	卑弥呼☆	11
日本の歴史☆＊	26	アンネ・フランク☆	10
黒魔女さんが通る!!②	24	カゲロウデイズ②	10
おおかみこどもの雨と雪	15	黒魔女さんが通る!!③	10
若おかみは小学生②	15	若おかみは小学生③	10
黒魔女さんが通る!!①	14	若おかみは小学生⑤	10
赤毛のアンシリーズ＊	13	吾輩は猫である	10
悪夢ちゃん The夢ovie	13	お願い!フェアリー⑤転校生は王子さま!?	9
若おかみは小学生①	13	カゲロウデイズ③	9
ナイチンゲール☆	12	動物と話せる少女リリアーネ③イルカ救出大作戦！	9
ハリー・ポッターと賢者の石	12	若おかみは小学生④	9
カゲロウデイズ①	11		

中1

カゲロウデイズ②	36	悪ノ娘 黄のクロアテュール	12
カゲロウデイズ①	35	君に届け②	12
カゲロウデイズ③	34	失恋ショコラティエ＊	12
カゲロウデイズ⑤	31	ディズニーそうじの神様が教えてくれたこと	12
カゲロウデイズ④	28	謎解きはディナーのあとで③	12
アナと雪の女王☆	24	不思議の国のアリス	11
恋空＊	20		
謎解きはディナーのあとで②	16		
君に届け①	15		
赤毛のアンシリーズ＊	14		
謎解きはディナーのあとで①	14		
神様のカルテ①	13		
神様のカルテ②	13		
君に届け③	13		

中2

カゲロウデイズ⑤	26	親指さがし	11
カゲロウデイズ②	24	今日、恋をはじめます	10
カゲロウデイズ③	22	キリン	10
陽だまりの彼女	21	謎解きはディナーのあとで②	10
アナと雪の女王☆	20	あそこの席	9
カゲロウデイズ④	19	駅彼-それでも、好き。	9
江戸川乱歩シリーズ＊	18	神様のカルテ②	9
恋空＊	18	千本桜②	9
カゲロウデイズ①	17	通学風景＊	9
リアル鬼ごっこ	15	謎解きはディナーのあとで③	9
白ゆき姫殺人事件	14	ぼくらの七日間戦争	9
告白予行練習	12	六兆年と一夜物語	9
図書館戦争	12		
名のないシシャ	12		

中3

図書館戦争	21	幼なじみ＊	8
白ゆき姫殺人事件	18	神様のカルテ③	8
カゲロウデイズ⑤	15	図書館内乱	8
陽だまりの彼女	15	リアル鬼ごっこ	8
恋空＊	14	赤毛のアンシリーズ＊	7
王様ゲーム	13	親指さがし	7
カノジョは嘘を愛しすぎてる	12	駅彼-もっと、きみを好きになる。	7
駅彼-それでも、好き。	11	終物語＊	7
カゲロウデイズ②	11	神様のカルテ①	7
カゲロウデイズ①	10	今日、恋をはじめます	7
神様のカルテ②	10	涙恋	7
永遠の0	9	モニタールーム	7
告白予行練習	9	流星の絆	7
蒼空	8		

高1

カゲロウデイズ③	9	通学電車	5
カゲロウデイズ⑤	9	×(バツ)ゲーム	5
永遠の0	9	あそこの席	4
植物図鑑	9	海の底	4
「弱くても勝てます」	8	親指さがし	4
カゲロウデイズ①	7	終物語＊	4
カゲロウデイズ②	7	キリン	4
図書館戦争	7	県庁おもてなし課	4
王様ゲーム	6	告白☆	4
カゲロウデイズ④	6	13センチの片想い。＊	4
神様のカルテ②	6	白ゆき姫殺人事件	4
カラフル	6	スイッチを押すとき	4
神様のカルテ③	5	通学途中	4
塩の街	5	名のないシシャ	4
少女	5	リアル鬼ごっこ	4
その時までサヨナラ	5		

高2

永遠の0	7	月の影影の海＊	4
図書館戦争	7	to You＊	4
赤い糸＊	6	デビクロくんの恋と魔法	4
悪の教典＊	6	西の魔女が死んだ	4
植物図鑑	6	「弱くても勝てます」	4
新世界より＊	6		
幼なじみ＊	5		
こころ	5		
白ゆき姫殺人事件	5		
駅彼-それでも、好き。	4		
幼なじみ②＊	4		
学年ビリのギャルが1年で偏差値を40上げて慶應大学に現役合格した話	4		
カゲロウデイズ①	4		
恋空＊	4		
三国志＊	4		
世界から猫が消えたなら	4		

高3

永遠の0	9	旅猫リポート	3
終物語＊	8	ツナグ	3
図書館戦争	7	人間失格	3
学年ビリのギャルが1年で偏差値を40上げて慶應大学に現役合格した話	5	初恋シグナル	3
神去なあなあ日常	5		
白ゆき姫殺人事件	5		
燃えよ剣＊	5		
瞬の風になれ①	4		
江戸川乱歩シリーズ＊	4		
メモリーを消すまで＊	4		
1/4の奇跡	4		
逢いたい…キミに。	3		
天音。	3		
カゲロウデイズ①	3		
こころ	3		
告白☆	3		

が広がっている。

6年生男子は社会科の学習との関連が考えられる「日本の歴史」が1位で、江戸川乱歩の作品や、「シャーロック・ホームズ」「怪盗ルパン」「ハリー・ポッター」などシリーズものの人気が高い。また、「織田信長」「坂本龍馬」「徳川家康」「豊臣秀吉」「エジソン」などの伝記が例年同様挙げられている。「西遊記」や「三国志」も読んでいる。宗田理の「ぼくら○○」シリーズなど中学生で挙げられている本も読み始めている。

小学生女子は昨年公開された映画の小説版「アナと雪の女王」が4年生から6年生まで1位であった。これは映画ヒットの影響が考えられる。また、幼児から大人向けまでさまざまな形態で出版されている「赤毛のアン」のシリーズも例年より多く挙がっている。これは、テレビドラマで翻訳者が取り上げられ、書店に本がたくさん並べられたことも関連していると考えられる。児童生徒の読書が社会環境から受ける影響の大きさを感じた。

4年生女子は「黒魔女さんが通る」「かいけつゾロリ」「赤毛のアン」「マジックツリーハウス」などのシリーズもの、「アリクイにおまかせ」「長くつ下のピッピ」などが上位に挙げられていた。

5年生女子は4年生のものに加え、「若おかみは小学生」「一期一会」「カゲロウデイズ」のシリーズが増えている。

6年生女子は男子と同様、学習との関連なのか、「日本の歴史」が2位に挙がっていた。中学生でよく読まれているシリーズものは「カゲロウデイズ」「王様ゲーム」「図書館戦争」などで、男女問わず読まれている。「謎ときはディナーのあとで」「神様のカルテ」は、女子が好んで読んでいる。

中学生で挙がったシリーズものは高校生でも学年・男女問わずよく読まれている。それに加え、「ソードアート・オンライン」などのライトノベルのシリーズものがよく読まれている。

小学生に読まれる伝記・歴史もの

伝記は今回の調査では、中・高校生では挙げられていなかったが、小学生ではよく読まれている。男子では戦国武将の「織田信長」「豊臣秀吉」「徳川家康」や「坂本龍馬」「聖徳太子」などの歴史上の人物や、「メッシ」などのスポーツ選手が挙げられる一方、女子では「ヘレン・ケラー」「マザー・テレサ」「ナイチン・ゲール」「卑弥呼」と、女性が被伝者の伝記が多く読まれている。昨年は女子で「エジソン」「野口英世」「ベートーベン」など、男性の被伝者を挙げていたが、今年の調査ではまた女性の被伝者に戻ってしまった。来年以降様子を見ていきたい。

中学生の読書の幅は広い

中学生男子で今回一番読まれていたのは「永遠の0」である。1・2年生で1位、3年生で2位であった。「王様ゲーム」は3年生男子で1位と依然として人気は高い。この結果については映画の上映の影響が考えられる。その他上位には「〝弱くても勝てます〟」「青鬼」「ハリー・ポッター」シリーズ、「真夏の方程式」「ルーズヴェルト・ゲーム」「図書館戦争」「三匹のおっさん」など、ドラマや映画で話題となった作品が多く読まれている。それ以外は「カゲロウデイズ」など前述のシリーズものが多い。「ぼくらの七日間戦争」「心を整える。」などは毎年挙げられている。

中学生女子では、昨年まで読まれていた「僕等がいた」は全く挙げられず、楽曲を元に小説化された「カゲロウデイズ」シリーズが上位を占めている。「アナと雪の女王」や新しく出てきた作品が多数挙げられていた。中学生女子は男子に比べ、さらにドラマや映画の影響が強く出ていて、「図書館戦争」「白ゆき姫殺人事件」「陽だまりの彼女」「告白予行練習」「神様のカルテ」「謎解きはディナーのあとで」などが多く読まれている。さらに、東川篤哉や有川浩、山田悠介、湊かなえ、などの作家の人気により、同一作家のほかの作品にも手を伸ばしていることがうかがえる。

高校生の読書の幅はさらに広がる

高校生は例年いろいろな書名を挙げているが、今回の男子の1位は1年生が「永遠の0」、2年生が「王様ゲーム」、3年生が「心を整える。」で、女子は1年生が「カゲロウデイズ」、2・3年生は「永遠の0」が1位であった。

男子でそのほか上位に入るものは、前述のシリーズもの以外に映画化された「悪の教典」やドラマ化された「ルーズヴェルト・ゲーム」「化物語」、２０１４年本屋大賞を受賞した「村上海賊の娘」が挙げられている。男子は、「ソードアート・オンライン」や「ノーゲーム・ノーライフ」などライトノベルのシリーズも多くを占めた。5割に近い不読率と合わせて考えてみると、読まないだけでなく、読む作品の質の低下も問題視したい。ライトノベルばかり読んでいては、読書力を高めることはできない。中学生の興味・関心の広がりをどう伸ばしていくか、教師や家庭、地域の協力のもと取り組んでいきたい。

一方女子ではドラマ化、映画化された作品が多く読まれており、同一作家のほかの作品へ読み広げていて、中学生女子と同様の傾向が見られる。高校生は男女で読まれている本の違いがあり、男子がゲームのノベライズが多いのに対し、「植物図鑑」「弱くても勝てます」「神去なあなあ日常」「新世界より」「白ゆき姫殺人事件」「燃えよ剣」「一瞬の風になれ」「こころ」「人間失格」など、男子では読まれていない本が挙げられている。

高校生はその時々の話題となる本や作家の作品を読むとともに、自分の興味・関心にあった読書をしていることがうかがえる。

（山田）

出典：全国ＳＬＡ研究部・調査部　山田万紀恵「第60回　学校読書調査報告　小学生（４年生～６年生）の読書冊数は増加、中・高校生はわずかに減少―５月１か月間に本を何冊読んだか―」（『学校図書館』第７６９号、２０１４年11月号、12～21頁）

注：「第60回学校読書調査報告」は、毎日新聞社と全国学校図書館協議会（ＳＬＡ）の共同調査作業の成果である。全国学校図書館協議会の許諾のもとに本書に掲載した。なお、掲載にあたり元横組みを縦組みに変えている。

2 読書教育年表

（作成にあたっては、子どもと本の出会いの会編『子どもと本 いま、これから』（小峰書店、一九九四年）及び、全国学校図書館協議会の機関誌『学校図書館』の関連記事に多くを学ばせていただいた。記して感謝申し上げる次第である。――編著）

	事項	読書教育関連文献
1947	3月 教育基本法（昭和22年法律第25号）制定 学校教育法（法律第26号）制定	
1950	2月 全国学校図書館協議会（全国SLA）設立 4月 図書館法公布	
1953	8月 学校図書館法制定（法律第185号）	
1955	5月 第一回学校世論調査 11月 第一回「青少年読書感想文コンクール」開催	
1957	8月 石井桃子・村岡花子ら「家庭文庫研究会」	
1958		鈴木喜代春『新しい読書指導』（新評論）
1959	4月 全国SLA『学校図書	滑川道夫『読書指導』（牧書店）

	館運営の手引き』刊行	
1960	5月　母と子の20分間読書運動（久保田彦穂（椋鳩十））	石井桃子『子どもの読書の導きかた』（国土社）
1961		椋鳩十『母と子の20分間読書』（あすなろ書房）
1965		石井桃子『子どもの図書館』（岩波書店）
1968		松尾弥太郎『読書感想文指導の実際』（共文社）
1970	親子読書地域文庫全国連絡会結成	日本子どもの本研究会編『子どもの本の学校』（講談社）
1971		松尾弥太郎編『集団読書』（国土社）／『国立国会図書館蔵児童図書目録』（日図協）
1972	国際読書年	
1975		亀村五郎『読書指導』（百合出版）
1976		滑川道夫『現代の読書指導』（明治図書出版）
1978		野地潤家『個性読みの探究—読書指導を求めて—』（共文社）
1979		滑川道夫『映像時代の読書と教育』（国土社）
1982		増田信一『読書感想の指導』（学芸図書）
1984	5月　大阪国際児童文学館開館	『大村はま国語教室』第7・8巻（筑摩書房）
1986		岡山市学校図書館問題研究会編『ブックトーク入門—子どもが本を好きになるために—』（教育史料出版会）／増村王子『本とわたしと子どもたち』（国土社）／日本子

		どもの本研究会編『子どもの発達と読書の楽しさ』（国土社）
1987		ジム・トレリース（亀井よし子訳）『読み聞かせ―この素晴らしい世界―』（高文研）
1988		日本子どもの本研究会編『小学校低学年の読書教育』ほか（中～高学年、中学校、国土社）
1989		東京都世田谷区立駒沢小学校編著『読書活動の組織化とその指導―コンピュータの導入による学習センター構想―』（大日本図書）
1990		全国SLAブックトーク委員会編『ブックトーク―理論と実践―』（全国学校図書館協議会）
1991		山花郁子『ブックトークのすすめ―教育にロマンを！―』（国土社）
1992		「特集／ブックトークで本との出会いを」（『子どもと教育』10月号）
1993	3月　「子どもと本の出会いの会」（井上ひさし会長）が発足	船橋学園読書教育研究会編著『朝の読書が奇跡を生んだ―毎朝10分、本を読んだ女子高生たち―』（高文研）
	6月　文部省『公立義務教育諸学校の学校図書館の図書の購入に要する経費の地方財源措置について』通知	
1994	4月　子どもと本の議員連盟設立記念フォーラム	松岡享子『お話を子どもに―たのしいお話―』『お話を語る―たのしいお話―』（日本エディタースクール出版部）／子どもと本の出会いの会編『子どもと本　いま・これから』（小峰書店）

1995	4月 『学校図書館の充実が子どもの豊かな未来を開く』（全国学校図書館協議会）	橋詰淳子『読書指導の12か月』（大月書店）
1996		スティーブン・クラッシェン（長倉美恵子他訳）『読書はパワー』（金の星社）／林公・高文研編集部編『続・朝の読書が奇跡を生んだ』（高文研）／上條晴夫『子どもを本好きにする読書指導50のコツ』（学事出版）／府川源一郎・長編の会編著『読書を教室に―〈読み〉の授業を変えよう―：中学校編』（東洋館出版社）
1997	6月 「学校図書館法の一部を改正する法律」（法律第76号）公布	増田信一『読書教育実践史研究』（学芸図書）／モンセラット・サルト（佐藤美智代・青柳啓子訳）『読書で遊ぼうアニマシオン―本が大好きになる25のゲーム―』（柏書房）／全国学校図書館協議会編『これからの学校図書館と司書教諭の役割―改正学校図書館法マニュアル―』（全国学校図書館協議会）
1998	3月 文部省「学校図書館司書教諭講習規程の一部を改正する省令」公布 12月 文部省新学習指導要領（幼稚園、小学校、中学校）を告示	秋田喜代美『読書の発達心理学―子どもの発達と読書環境―』（国土社）／赤木かん子『かんこのミニミニヤング・アダルト入門―図書館員のカキノタネ、パート2―』（リブリオ出版）／村中李衣『読書療法から読みあいへ―〈場〉としての絵本―』（教育出版）／全国学校図書館協議会編『データに見る今日の学校図書館 学校図書館白書3』（全国学校図書館協議会）
1999	4月 文部省「公立義務教育諸学校の学校図書館の整備について（通知）」公布	林公編著『心を育てる朝の読書―10分間朝読書で、子どもが変わる、学校が変わる。―』（教育開発研究所）／宮川俊彦『読書感想文がラクラク書けちゃう本―宮川俊彦のオタスケ授業―』（小学館）／小森茂・大熊徹監修『豊かな心と読書指導・学校図書館の活用―学習・情報センターを活用する国語科授業の具体化―』（明治図書出版）／竹長吉正『読書レポートの誕生』（東洋館出版社）／府川源一郎・高木まさき・長編の会編著『合科的・総合的な学習のための読書関連単元１００のプラン

		集』（東洋館出版社）／ヤングアダルト図書館サービス協会（ヤング・アダルトサービス研究会訳）『ヤングアダルトに対する図書館サービス方針』（日本図書館協会）／大塚笑子『朝の読書はじめの一歩―生徒と共に歩みながら―』（メディアパル）／リチャード・ビーチ（山元隆春訳）『教師のための読者反応理論入門―読むことの学習を活性化するために―』（溪水社）
2000	子ども読書年 5月　国立国会図書館国際子ども図書館開館	全国学校図書館協議会企画・監修ビデオ『司書教諭の仕事―授業が変わる学校が変わる―』（紀伊國屋書店）／日本子どもの本研究会編『どの本よもうかな?』（国土社）／増田信一編著『学び方を養う学校図書館―司書教諭の職務とサービス―』（学芸図書）／渡部康夫『やってみよう　読書のアニマシオン』（全国学校図書館協議会）
2001	12月　「子どもの読書活動の推進に関する法律」成立	ピーター・ハント編（さくまゆみこ他訳）『子どもの本の歴史―写真とイラストでたどる―』（柏書房）／全国学校図書館協議会『子どもたちに読書のよろこびを！』（文部科学省）／森田盛行『学校図書館と著作権Q&A改訂版』（全国学校図書館協議会）／『学ぶ力をそだてる〈新〉図書館シリーズ』（ポプラ社）／有働玲子『声の復権―教室に読み聞かせを！―』（明治図書出版）
2002	1月　文部科学省「確かな学力向上のための2002アピール『学びのすすめ』」 11月　国立国会図書館国際子ども図書館が学校図書館へのセット貸し出し開始	京都ブックトークの会『わたしのブックトーク』（連合出版）／子どもの本・翻訳の歩み研究会編『図説子どもの本・翻訳の歩み事典』（柏書房）／マーガレット・リード・マクドナルド（佐藤涼子訳）『語ってあげてよ！　子どもたちに―お話の語り方ガイドブック―』（編書房）／村中李衣『子どもと絵本を読みあう』（ぶどう社）／有元秀文『読書へのアニマシオン入門―子どもの「読む力」を引き出す：どんな子どもにも「読む力」がある―』（学習研究社）／笹倉剛『心の扉をひらく本との出会い―子どもの豊かな読書環境をめざして―』（北大路書房）／ヴィクター・ワトソン　モラグ・スタイルズ編（谷本誠剛監訳）『子どもは絵本をどのように読むのか』（柏書房）

2003	1月　文化審議会国語分科会「これからの時代に求められる国語力について」（審議経過の概要）	エイダン・チェンバーズ（こだまともこ訳）『みんなで話そう、本のこと—子どもの読書を変える新しい試み—』（柏書房）／日本子どもの本研究会編『どの本よもうかな？　中学生版：海外編・日本編』（金の星社）／マーガレット・ミーク（こだまともこ訳）『読む力を育てる』（柏書房）／学校図書館問題研究会「ブックトークの本」編集委員会編『ブックトーク再考—ひろがれ！　子どもたちの「読みたい」「知りたい」—』（教育史料出版会）
2004	1月　文化審議会国語分科会「これからの時代に求められる国語力について」答申	全国学校図書館協議会『データに見る今日の学校図書館'99〜'03：学校図書館白書4』（全国学校図書館協議会）／『司書教諭を中心とした読書活動の展開：実践国語研究2004年2月号別冊』（明治図書出版）／児童図書館研究会編『児童図書館のあゆみ—児童図書館研究会50年史—』（教育史料出版会）／黒澤浩他編『新・こどもの本と読書の事典』（ポプラ社）／押上武文・小川哲男編著『子どもの学力を高める学校図書館の教科別活用法』（学事出版）／笹倉剛『子どもの未来をひらく自由読書—関心をひきだす読書指導のコツ—』（北大路書房）
2005		井上一郎『「読解力」を伸ばす読書活動—カリキュラム作りと授業作り—』（明治図書出版）／山元隆春『文学教育基礎論の構築—読者反応を核としたリテラシー実践に向けて—』（溪水社）
2006		笹倉剛監修・鵜川美由紀編著『子どもの心とことばを育む読書活動実践事例集—「図書館の中の学校」づくりをめざして—』（北大路書房）
2007	6月　学校図書館法改正（法律第96号）	
2008		広瀬恒子『読書ボランティア活動ガイド—どうする？　スキルアップどうなる？　これからのボランティア—』（一声社）

2009		有元秀文『PISAに対応できる「国際的な読解力」を育てる新しい読書教育の方法―アニマシオンからブッククラブへ―』（少年写真新聞社）
2010	国民読書年	ルーシー・カルキンズ（吉田新一郎・小坂敦子訳）『リーディング・ワークショップ―「読む」ことが好きになる教え方・学び方―』（新評論）／吉田新一郎『「読む力」はこうしてつける』（新評論）／太田克子他『読書の力―国語授業と学校図書館との連携・協力―』（三省堂）
2011	6月　学校教育法改正（法律第61号）	
2012		田中智生・小川孝司監修『読む力が育つ「おもしろ見つけ」―読者反応理論を取り入れた物語の授業―』（三省堂）
2013	1月　子どもの読書活動を考える国際シンポジウム「子どもの本読み事情：アジア各国の今とこれから」（国立青少年教育振興機構、東京大学）	『特別支援学校での読み聞かせ―都立多摩図書館の実践から―』（東京都立多摩図書館）／吉田新一郎『読書がさらに楽しくなるブッククラブ―読書会より面白く、人とつながる学びの深さ―』（新評論）／ジェニ・ポラック・デイ他（山元隆春訳）『本を読んで語り合うリテラチャー・サークル実践入門』（溪水社）
2014		プロジェクト・ワークショップ編『読書家の時間―自立した読み手を育てる教え方・学び方〈実践編〉―』（新評論）／山元隆春『読者反応を核とした「読解力」育成の足場づくり』（溪水社）／エリン・O・キーン（山元隆春・吉田新一郎訳）『理解するってどういうこと？―「わかる」ための方法と「わかる」ことで得られる宝物―』（新曜社）／塚田泰彦『読む技術―成熟した読書人を目指して―』（創元社）
2015		松岡享子『子どもと本』（岩波書店）

おわりに

始まったものには必ず終わりがあります。これは避けられないことなのでしょう。読書もまた同じですし、本書もまた同じ。長い物語もいつかは終わります。でも、物語の終わりはすべての終わりではありません。必ず、始まりの芽を含んでいるものです。

最後に、二冊の絵本の話をして、本書を閉じたいと思います。

クリス・ウォーメル作・絵（吉上恭太訳）『ひとりぼっちのかいぶつといしのうさぎ』（徳間書店、二〇〇四年）は荒野の洞窟に住む一匹のみにくい「かいぶつ」が主人公です。あまりにみにくいので草木が枯れ、青空は曇り、水も涸れてしまいます（びっくり！）。あまりにもみにくいので誰も友だちがいない。けれど、姿はとてもみにくいけれどやさしい心を持っていて、だれかと話したい、といつも思っていたのです。だから「かいぶつ」は荒野の石でいろいろな動物の像を彫り、友だちにしようとしますが、「かいぶつ」があまりにみにくいので石の像のほとんどが壊れてしまいます（またまたびっくり！）。ただ一つ、「いしのうさぎ」（ウサギの像）だけ壊れません。だから「かいぶつ」はずっとその「いしのうさぎ」と一緒。そしてある日「かいぶつ」はついに洞窟から姿を見せなくなります……

みにくい「かいぶつ」がいなくなったのだから、空は晴れみるみる荒野は緑の野になり、草花も咲き誇り、動物たちも戻ってきます。「せかいでいちばん、うつくしいところ」になったのです。物語のおしまいのところには「いしのうさぎ」が草花の蔭にひっそりと描かれ、こう書かれています。「みんな　うつくしいけしきにみとれて、いしのうさぎなんか　きづかない／だけど、もしも　きづいたら、どうして、こんなところに　いしのうさぎがあるのか、ふしぎにおもうだろうな」確かに私はそこで本を閉じるのですが、気になってまた始めから読み始めようとします。読者としての私の心のなかの物語（それこそが、ローゼンブラットの言った、またとない「生きた回路」なのです！）は終わらないのです。

もう一冊。ロベルト・インノチェンティ絵／J・パトリック・ルイス作（長田弘訳）『百年の家』（講談社、二〇一〇年）もまた、不思議な終わり方をする本です。欧州のとある農村の丘にある、この家自身で、「扉の上の横板」に「1656」と刻まれた家。語り手は、どうやら一七世紀に造られたらしいこの家自身で、「古い丘にはじまり、二十世紀を生きることになった、わたしのものがたり」を語るのです。インノチェンティの繊細な絵がとても魅力的で、それを眺めているだけでも飽きることはありません。見開き一つ一つで手を止めて、お子さんと一緒にご覧になれば、絵のなかのいろいろなことに気づいて会話もはずむでしょう。一九〇〇年から一九九九年までのこの家とその周りの様子が描かれた見開きの絵の構図はすべて同じで、この家にかかわったひとびと、草木や畑、家畜や農作物までもが、こまやかに描かれていきます。百年間分も！

そして物語の最後に家はこう語ります。「夜の小鳥たちがうつくしい声でささやいている。／――おっそろしく古い家は、いまどこにある？／じぶんの新しい住所が、わたしはわからない。／過ぎたるは及ばざるだ。このうえないものは、どこへ消えたのか？／けれども、つねに、わたしは、わが身に感じている。／なくなったものの本当の護り手は、日の光と、そして雨だ、と。」家自身の語る言葉の物語はここでおしまいですが、もう一見開き、美しい絵が描かれています。こういう終わり方は絵本でしかできないものだと、そう思います。これなら、また私たちは生きていける、そう感じさせてくれます。ぜひ『百年の家』を手に取って確かめてください。

どちらの絵本でも、何かが終わっていることは確かだし、それを読む読者は、確実に何かと「別れ」ています。けれども、読み終えることによってはじめて、何かが始まるという思いを抱くことができるのです。これはこの二冊の絵本に限りません。どの絵本もどの本もそうなのです。ひととの出会いと別れがそうであるように、本との出会いと別れもたえまなく繰り返されていくのです。本を読む私たちの心のなかの物語は終わりません。そういう「心の読み」を求め、一つの本と別れてまた、新しい本と出会っていくのです。

＊　＊　＊

本書の出版に際しては、世界思想社編集部に格別のご高配をいただきました。厚く御礼を申し上げます。思えば、数年前の秋に本書編集担当者からいただいた一通のメールがすべての始まりでした。読書を広げていく試みについての本の編集・執筆を進めてくださったことに感謝しています。進捗状況を確かめるメールの末尾に、いつもその時読んでおられる本のことが記されていて、その読書生活のゆたかさに、私自身の読もうとする心を励まされていました。

また、京都教育大学の植山俊宏さんは、本書の編者として私を世界思想社に紹介してくださいました。学生時代からお世話になっている先輩のあたたかいご配慮に、深く感謝いたします。

充実した論考を寄せていただいた余郷裕次、山元悦子、住田勝、寺田守、上田祐二の諸氏には、忙しい日々のなかで本書のため時間を割いてくださったことに厚く御礼申し上げます。編者の怠りによって、刊行が遅くなりましたことをお詫び申し上げます。

『読書教育を学ぶ人のために』はこうして世に出ます。あるいは、読者の皆様のお叱りを受けることがあるのかもしれませんが、それはすべて編者のせいです。それでも、読書教育に取り組むための足場の一つとなるようであれば幸いです。

二〇一五年　早春

編者　識

や行

ら行

わ行

は行

ま行

な行

さ行

た行

か行

索　引

A-Z

あ行

執筆者紹介（五十音順）

上田祐二（うえだ・ゆうじ）
1964年，広島県に生まれる。現在，北海道教育大学教育学部旭川校教授。
〔業績〕「メディア教育，リテラシーにおける理論に関する研究の成果と展望」（全国大学国語教育学会編『国語科教育学研究の成果と展望Ⅱ』学芸図書，2013年），「メディア・リテラシー教育の理論と方法」（山元隆春編著『教師教育講座第12巻　中等国語教育』協同出版，2014年），「国語科におけるネットワーク・コミュニケーションの指導―BBSに対する学習者の参加意識の検討―」（『旭川国文』第27号，2014年）など。

住田　勝（すみだ・まさる）
1966年，広島県に生まれる。現在，大阪教育大学教育学部教授。
〔業績〕『臨床国語教育を学ぶ人のために』（世界思想社，共著，2007年），『言語コミュニケーション能力を育てる―発達調査をふまえた国語教育実践の開発―』（世界思想社，共著，2014年），「あまんきみこ「白いぼうし」の授業実践史」（『文学の授業づくりハンドブック第２巻』溪水社，2010年）など。

寺田　守（てらだ・まもる）
1975年，山口県に生まれる。現在，京都教育大学教育学部准教授。
〔業績〕『読むという行為を推進する力』（溪水社，単著，2012年），『文学教材の解釈2014』（京都教育大学国語教育研究会，編著，2014年）など。

山元悦子（やまもと・えつこ）
1962年，山口県に生まれる。現在，福岡教育大学教育学部教授。
〔業績〕『共生時代の対話能力を育てる国語教育』（福岡教育大学国語科・福岡教育大学附属中学校，明治図書，共著，1997年），『話し言葉の教育　朝倉国語教育講座３』（朝倉書店，共著，2004年），『教師教育講座第12巻　中等国語教育』（協同出版，共著，2014年）など。

山元隆春（やまもと・たかはる）
編者紹介欄に記す。

余郷裕次（よごう・ゆうじ）
1958年，愛知県に生まれる。現在，鳴門教育大学大学院教授。
〔業績〕『国語教育を学ぶ人のために』（世界思想社，共著，1995年），『絵本のひみつ―絵本の知と読み聞かせの心―』（徳島新聞社他，単著，2010年），『「伝統と文化」に関する教育課程の編成と授業実践』（風間書房，共著，2012年）など。

編者紹介

山元隆春（やまもと・たかはる）

1961年，鹿児島県に生まれる。現在，広島大学大学院人間社会科学研究科教授。
〔業績〕『文学教育基礎論の構築　POD版』（溪水社，単著，2016年），『読者反応を核とした「読解力」育成の足場づくり　POD版』（溪水社，単著，2018年），『教師教育講座第12巻　中等国語教育』（協同出版，編著，2014年），エリン・オリヴァー・キーン『理解するってどういうこと？―「わかる」ための方法と「わかる」ことで得られる宝物―』（新曜社，共訳，2014年），ジェラルド・ドーソン『読む文化をハックする』（新評論，共訳，2021年）など。

読書教育を学ぶ人のために

2015年４月20日　第１刷発行　　定価はカバーに
2021年10月20日　第３刷発行　　表示しています

編　者　山《やま》元《もと》隆《たか》春《はる》
発行者　上原寿明

世界思想社

京都市左京区岩倉南桑原町56　〒606-0031
電話　075(721)6500
振替　01000-6-2908
http://sekaishisosha.jp/

（共同印刷工業・藤沢製本）

ISBN978-4-7907-1656-3